"Ruth Soukup es una heroína audaz y valiente de talla mundial. Su historia, su fortaleza y su rara capacidad de ver el mundo desde una lente enfocada en la verdad y en las múltiples posibilidades que nos rodean la convierten en una de las personas más inspiradoras que he conocido. *¡Hazlo... así sea con miedo!* es la lectura más adecuada para nuestra generación, pues más que nunca, necesitamos las herramientas más útiles para avanzar en nuestro camino hacia la autosuficiencia".

—**Susie Moore**, entrenadora de vida y escritora

"A la gente le encanta soñar, imaginar y tener expectativas, pero luego aparece el miedo y todos esos sueños e ilusiones van quedando atrapados en el fango de las lamentaciones y la inacción. *¡Hazlo... así sea con miedo!* te llevará del miedo paralizante hacia una vida llena de propósito y significado evidenciada por abundancia física, emocional, espiritual y relacional. Prepárate para pasar de pensar que "me gustaría hacerlo" a decir "lo hice".

—**Dan Miller**, autor *bestseller* de *The New York Times* de *48 Days to the Work You Love*

"Esta brillante obra es un mapa de ruta para convertir grandes pensamientos en grandes resultados tangibles. Ruth Soukup te ayuda a comprender la raíz de tus miedos para que así puedas elegir entre ejecutar acciones valientes y obrar llevado por reacciones llenas de miedo. *¡Hazlo... así sea con miedo!* es mucho más que una frase llamativa. Es un audaz plan de acción que te ayuda a salirte de ese camino por el cual tanto has andado para encaminarte hacia donde realmente quieres llegar".

—**Tess Masters**, autora de *The Blender Girl* y *The Perfect Blend*

"*¡Hazlo... así sea con miedo!* llegó a mis manos en un momento de mi vida en el que me sentía agotada, cansada y paralizada con respecto a qué pasos seguir para avanzar en mi carrera. Leerlo me dio el aliento que necesitaba al tiempo que me proveyó de las herramientas más indicadas para elaborar e implementar un plan de acción que me sirviera para retomar mi marcha".

—**Erin Odom**, autora de *More Than Just Making It* y fundadora de thehumbledhomemaker.com

"Por fin, un libro que no le teme al miedo, sino que les muestra a sus lectores cómo redireccionarlo hasta convertirlo en un recurso poderoso para lograr lo que uno quiere. Ahora mismo, el único temor que tengo es que tú no lo leas".

—**Mike Michalowicz**, autor de *Clockwork* y *Profit First*

"*¡Hazlo… así sea con miedo!* es una lectura obligatoria para todo aquel que necesite superar sus miedos y lograr la vida que añora. Este no es uno de esos ingeniosos libros de autoayuda cuyo propósito es hacerte sentir bien. Basada en una encuesta realizada a más de cuatro mil personas, y con la intervención de investigadores contratados para trabajar en el análisis de los datos obtenidos, esta esclarecedora lectura nos muestra cómo superar nuestros miedos de maneras inspiradoras y nada cobardes".

—**Bri Mckoy,** autora de *Come & Eat*

"*¡Hazlo… así sea con miedo!* desarma sistemáticamente al miedo que mantiene prisioneros a tantos soñadores, impidiéndoles alcanzar todo el potencial que Dios les ha dado".

—**Bob Lotich**, autor de *Managing Money God's Way*

"Si alguna vez te das cuenta que estás diciendo frases como 'nunca tendré éxito en esto', tú necesitas leer este libro. *¡Hazlo… así sea con miedo!* me abrió los ojos permitiéndome ver la infinidad de formas en que he venido dejando que el miedo me lleve a desaprovechar muchas oportunidades que se me han presentado a lo largo de la vida. En esta lectura, Ruth Soukup nos ofrece estrategias útiles para superar los miedos y nos invita a aferrarnos al propósito de alcanzar el éxito para el cual fuimos diseñados".

—**Becky Kopitzke**, autora de
The Cranky Mom Fix y *Generous Love*

"Cuando Ruth Soukup comparte su sabiduría sobre temas como la fijación de metas y soñar en grande, yo siempre tomo nota. Quizá, *¡Hazlo… así sea con miedo!* haya comenzado como su mantra personal, pero en este manual altamente recomendado, he visto cómo Ruth implementa todas sus herramientas y echa mano de sus motivaciones, y nadie lo hace mejor que ella".

—**Jen Schmidt**, conferencista y autora *bestseller*
de *Just Open the Door*

"Ruth Soukup comprende lo que es superar las dificultades que tienden a detenernos. ¡Recomiendo este dinámico, alentador e introspectivo enfoque, útil para superar el miedo y encaminarte hacia la vida que siempre has soñado!".

—**Ruth Schwenk**, fundadora de TheBetterMom.com
y coautora de *Pressing Pause*

"*¡Hazlo… así sea con miedo!* es el recurso perfecto para quienes se sienten cansados de vivir encarcelados por el miedo. Si estás listo para enfrentarlo y dirigirte hacia la vida para la cual estás destinado, esta es una lectura obligada".

—**Mike y Carlie Kercheval**, cofundadores de
FulfillingYourVows.com y autores *bestsellers*
de *Consecrated Conversations*

"¡Ruth Soukup sabe cómo encender una llama que arda frente al miedo! Si tus miedos internos te impiden perseguir tus sueños, *¡Hazlo… así sea con miedo!* podría ser tu guía, tal como lo ha sido para mí".

—**Rachel Wojo**, autora de *One More Step*

"Leer acerca de los diversos tipos de miedo me ayudó a comprender mejor qué es aquello que me está frenando y a la vez me empoderó con estrategias específicas para superarlo. Me encantó".

—**Joann Crohn**, fundadora de No Guilt Mom

"Luchaba con el miedo a perder el equilibrio, pues pensaba que me conduciría al fracaso. Sin embargo, este temor quedó condenado al destierro después de leer esta frase de *¡Hazlo… así sea con miedo!*: 'No estamos llamados a tener equilibrio; estamos llamados a tener un propósito". Ruth nos enseña que todo aquello en lo que ponemos nuestros esfuerzos tiene un propósito. Esta lectura te ayudará a superar tus miedos y a alcanzar el propósito para el cual fuiste diseñado".

—**Kate Ahl**, propietaria y CEO de Simple Pin Media

"Ruth Soukup nos ha dado una guía auténtica, brillante y práctica para construir la vida que ansiamos tener. *¡Hazlo… así sea con miedo!* imparte herramientas y técnicas aptas para descubrir nuestros miedos y encontrar el valor que necesitamos para superarlos. ¡La fragilidad de Ruth con respecto a sus miedos y a cómo aun así ella ha ido construyendo la vida que ansiaba tener es muy inspiradora!".

—**Nicole Rule**, dueña de greatestworth.com
y aprendiz de Ruth Soukup

"A través de su explicación sobre los siete tipos de miedo, Ruth Soukup nos ayuda a reconocer la forma en que estos se manifiestan en nuestra propia vida y nos muestra cómo internalizar algunas reglas de valentía que nos motiven a vencer nuestros temores a medida que avanzamos. Además, nos comparte estrategias prácticas para segmentar nuestros objetivos en pasos de acción manejables y diarios que contribuyan a nuestro éxito diario".

—**Abby Lawson**, escritora y propietaria de
justagirlandherblog.com y abbyorganizes.com

"*¡Hazlo… así sea con miedo!* es una lectura esencial para todas las mujeres que sienten que no están viviendo de acuerdo a su máximo potencial, porque algo las está frenando. Este es un libro inspirador, informativo y verdaderamente esclarecedor".

—**Chrissy Halton**, propietaria de OrganiseMyHouse.com

"*¡Hazlo… así sea con miedo!* es mi nuevo mantra. Odio dejar que el miedo me detenga y este libro me ha dado el valor que necesitaba para reconocer mis propios miedos y superarlos. Ruth Soukup nos brinda consejos e ideas poderosas que son producto tanto de sus experiencias personales como de historias de vidas que ella ha ayudado a cambiar".

—**Saira Perl**, fundadora de MomResource.com

"¡Crudo, real y poderoso! *¡Hazlo… así sea con miedo!* es un recordatorio convincente de lo que es posible alcanzar cuando superamos nuestra zona de confort y nos apartamos del camino que llevamos para dirigirnos por uno mejor. Si necesitas una patada en el trasero que te anime a continuar, esta es tu lectura obligada".

—**Abby Rike** (abbyrike.com), autora de *Working It Out*

"Toda mi vida, he lidiado con el miedo y leer *¡Hazlo… así sea con miedo!* me abrió los ojos e inspiró en mí el valor que necesitaba para avanzar e ir más allá que donde me sentía atrapada. La capacidad de Ruth para fragmentar un plan de acción hasta hacerlo manejable, así como para decir la verdad y eliminar toda clase de excusas, nos proporciona herramientas invaluables para aplicar a nuestra vida".

—**Kasey Trenum**, fundadora de kaseytrenum.com

"*¡Hazlo… así sea con miedo!* me condujo a lo largo de una sesión de terapia personal, me dio autoconciencia y, al mismo tiempo, me hizo ganar un juego de campeonato. Este libro me brindó palabras que me ayudaron a entender mis miedos y me proporcionó pasos prácticos para manejarlos y convertirlos en una fuerza positiva. Ahora, sé cómo afrontarlos valientemente y comprendo que hacerlo es todo un acto liberador".

—**Tai Mcneely**, cofundador de His and Her Money

"*¡Hazlo… así sea con miedo!* es una lectura refrescante y única que me ayudó a ver de una manera nueva y positiva tanto mis puntos fuertes como los débiles, al tiempo que me preparó para, al fin, superar los obstáculos que me han impedido alcanzar mis mayores objetivos".

—**Jennifer Roskamp**, fundadora de The Intentional Mom

"*¡Hazlo… así sea con miedo!* es un libro que toda mujer necesita leer, pues no solo te ayuda a desenterrar y comprender en qué consiste la raíz de tus miedos, sino que, además, Ruth nos propone la combinación perfecta entre empatía, amor firme y ánimo. A todos mis amigos les recomiendo esta lectura".

—**Tania Taylor Griffis**, blogger en www.runtoradiance.com

"*¡Hazlo… así sea con miedo!* es un regalo para las mujeres que quieren una vida plena y valiente, pero que no saben cómo construirla. Ruth practica lo que predica, así que su consejo no solo es 100% inspirador, sino también accionable. Ella es la mentora motivante que toda mujer necesita en su vida".

—**Tasha Agruso**, fundadora y CEO de Kaleidoscope Living

"¿Cuál es la causa primordial que te impide convertirte en la mujer que fuiste destinada a ser? El temor. *¡Hazlo… así sea con miedo!* es la cartilla que necesitas para, finalmente, mirar el miedo a la cara y erradicarlo para siempre de tu vida. Haz lo que tengas que hacer, así sea con miedo; luego, hazlo siempre".

—**Claire Diaz-Ortiz**, escritora y conferencista,
Claire Diaz Ortiz.com

"No puedo pensar en nada más importante que dar un paso adelante, enfrentar nuestros miedos y hacer lo que más nos asusta. Ruth Soukup nos ofrece ideas brillantes sobre qué es aquello que nos detiene y, lo más importante, nos muestra cómo superar los desafios 'así sea con miedo'. Si quieres construir la vida que tanto añoras y brillar de verdad, ¡no puedo dejar de recomendarte este libro una y mil veces!".

—**Michael Sandler,** anfitrión de *Inspire Nation Show*
(www.InspireNationShow.com)

"*¡Hazlo… así sea con miedo!* te invita a dejar todas tus tontas excusas y hacer lo que tengas que hacer 'así sea con miedo' para que disfrutes de la vida que deseas y que tanto mereces. Ruth Soukup es la entrenadora que toda mujer necesita tener en su esquina".

—**Gry Sinding**, emprendedora, entrenadora de negocios, estratega y conferencista motivacional

"Todos hemos enfrentado nuestras propias batallas y el coraje de Ruth Soukup es un testimonio del increíble poder de amar tu historia y compartirla con el mundo. Ruth nos recuerda que, incluso si estamos aterrorizados, incluso si no somos expertos, incluso si nos sentimos destrozados por dentro, todos somos dignos de amor, capaces y merecedores de una vida abundante".

—**Cathy Heller**, compositora y presentadora del podcast *Don't Keep Your Day Job*

"Me sorprende cómo Ruth Soukup es capaz de identificar nuestras inseguridades, miedos y creencias limitantes; de mirarlas de frente para luego idear un plan que nos lleve a superar lo que nos detiene. Todos deberíamos leer este libro al menos una vez al año para que nos ayude a recordar con total exactitud quiénes somos y qué somos capaces de hacer 'así sea con miedo'".

—**Kim Anderson**, bloggera y autora de *Live, Save, Spend, Repeat*

"Perteneciendo al arquetipo de los marginados, puedo relacionarme con mucho de lo que Ruth Soukup subraya en este increíble libro. Soy una gran admiradora de encontrar el coraje para operar desde las afueras de nuestra zona de confort, ¡ahí es donde sucede toda la magia! Este libro está lleno de consejos prácticos sobre cómo superar los tiempos difíciles".

—**Abby Walker**, CEO de Vivian Lou y autora de *Strap on a Pair*

"Ver a Ruth Soukup enfrentar sus miedos 'así sea con miedo' me inspiró a hacer lo mismo. La vida es demasiado corta para vivirla con temores y este es el libro perfecto para todo el que quiera vivir realmente feliz, superando sus miedos y logrando cosas que nunca creyó posibles".

—**Rachel Holland**, bloggera en SurvivingTheStores.com y HowToHomeschoolForFree.com Profesora en TheOILnation.com

"*¡Hazlo... así sea con miedo!* me ayudó a aceptar el atributo de procrastinadora y convertirlo en una fortaleza. Ya he visto mejoras en mi negocio y en mi vida personal".

—**Jennifer Dursteler,** asistente médica y propietaria de Deja Vu Med Spa, Goodyear, Arizona

"*¡Hazlo... así sea con miedo!* es el libro que desearía haber leído hace diez años, porque habría alcanzado mis objetivos mucho más rápido. Este es el tipo de libro que sirve para mucho más que permanecer en algún estante. Después de haberlo leído, no puedes evitar las ganas de tomar medidas al respecto".

—**Laura Smith**, fundadora de I Heart Planners

¡Hazlo... así sea con miedo!

¡Hazlo... así sea con miedo!

Encuentra la
valentía para
derrotar el
temor y la
adversidad

Ruth Soukup

TALLER DEL ÉXITO

A mi asombroso, increíble y extrañamente entusiasta

equipo de Ruth Soukup Omnimedia.

Este libro es el resultado

tanto de su arduo trabajo como del mío.

¡Hazlo... así sea con miedo!

Título original: *Do it scared: Finding the courage to face your fears, overcome adversity and create a life you love*

Published by arrangement with The Zondervan Corporation LLC, a division of HarperCollins Christian Publishing, Inc.

Publicado por:
Taller del Éxito, Inc.
1669 N.W. 144 Terrace, Suite 210
Sunrise, Florida 33323
Estados Unidos
www.tallerdelexito.com

Editorial dedicada a la difusión de libros y audiolibros de desarrollo y crecimiento personal, liderazgo y motivación.

Director de arte: Diego Cruz
Diagramación: Joanna Blandon
Diseño de carátula: Diego Cruz
Traducción y corrección de estilo: Nancy Camargo Cáceres

ISBN: 978-1607385868

Printed in Colombia
Impreso en Colombiao

21 22 23 24 25 R|CL 06 05 04 03 02

CONTENIDO

Cadenas invisibles

El miedo es algo gracioso.

Es uno de nuestros instintos humanos más básicos y está destinado a protegernos de todos los peligros que nos causen daño y para motivarnos a la acción cada vez que una amenaza se vuelva inminente. Nuestro miedo está diseñado para salvarnos y, curiosamente, la falta de miedo en situaciones peligrosas podría ser un signo de enfermedad mental. Se *supone* que debemos estar asustados.

Y, sin embargo, ese mismo miedo también puede ser una cadena invisible que nos ata y nos mantiene atascados. Que, en lugar de mantenernos a salvo, nos paraliza y nos impide avanzar, arriesgarnos, exponernos, sacar el valor necesario para ir en pos de nuestros sueños y construir la vida que tanto anhelamos tener.

En otras palabras, el mismo instinto diseñado para protegernos también nos detiene. ¡Y, oh, lo logra! Créeme, lo sé.

Verás, el miedo ha sido una parte muy real y activa de mi vida desde que tengo memoria. Le tengo miedo a las alturas y a parecer una tonta. Me pongo nerviosa en medio de grandes multitudes y me aterran las conversaciones triviales. Siempre temo no agradarle a la gente o que piensen que soy molesta o extraña o que no vale la pena que otros se gasten su tiempo conmigo. Detesto estar en contextos públicos o ser vulnerable. Tengo miedo de fallar o cometer algún error y de lo que eso podría decir sobre mí. No hace mucho tiempo, la sola idea de tener que hablar frente a una multitud era suficiente motivo para que me diera ataque de pánico.

Todo ese miedo se interponía en mi camino, al igual que les ocurre a muchos otros.

Wendy siempre ha querido tener su propia panadería y cafetería, ¡pero se siente muy desanimada de hacerlo! De hecho, se siente tan aterrorizada ante la posibilidad de fallar que rechazó una magnífica oferta de un muy buen inversor que le habría proporcionado tanto el capital como la capacitación que ella necesitaba para comenzar.

Kyra es una bailarina talentosa que pasó años estudiando ballet, pero dejó que su intenso miedo al rechazo le impidiera audicionar frente a una compañía de danza profesional a pesar de que ese había sido siempre su objetivo. Años más tarde, Kyra todavía sigue sintiendo que perdió la oportunidad de alcanzar todo su potencial.

Trina ya no quiere seguir practicando su profesión de abogada. Durante años, ella ha querido dejar el bufete de abogados de su padre para comenzar su propio negocio, pero le aterra decepcionarlo. Además, se siente agobiada por el peso de esta responsabilidad y por la incertidumbre de no ser capaz de realizar su propio sueño.

Nancy quiere viajar. Sueña con la idea de subirse a su automóvil y conducir por los 50 Estados y por todo Canadá para luego aventurarse a ir aún más lejos, pero le parece que ese es un proyecto demasiado arriesgado para una mujer sola, de 60 años de edad. Y en el fondo, no está segura de si ella tiene lo que se necesita para afrontar esa aventura.

Liv es científica. Esto significa que gran parte de su trabajo es escribir artículos para revistas. Sin embargo, con frecuencia, tiene miedo de compartir sus escritos antes de haberlos perfeccionados. Siempre le preocupa parecer incompetente o que alguien piense que ella no es una profesional calificada. Liv sabe que, aunque su miedo no es racional, siempre está ahí.

Día tras día, ocurre la misma historia y de un millón de maneras distintas. Un gran sueño. Un miedo aún mayor. Y luego, lo inevitable: un arrepentimiento gigantesco. Sin embargo, no tiene por qué ser así.

Hace varios años, tomé una decisión que me cambió la vida: decidí no volver a dejar que el miedo se interpusiera en mi camino.

Comprendí que está bien sentir miedo, que hay ocasiones en que todos lo sentimos, pero que lo que no está bien es dejar que este me impida hacer lo que en realidad quiero hacer. Fue entonces que entendí que necesitaba encontrar una manera de aprovechar el miedo a favor mío, así que tomé la decisión de que, a partir de ese momento, haría lo que quisiera, *así fuera con miedo*.

Ese pensamiento se convirtió en mi mantra, en una pequeña frase que me repetía a mí misma cada vez que me sentía nerviosa o asustada; cada vez que me salía de mi zona de confort o me arriesgaba o me sentía insegura, lo cual, siendo honesta, era casi todo el tiempo.

Más adelante, cuando me convertí en emprendedora, el mantra "¡Hazlo… así sea con miedo!" se convirtió en el primero de los valores fundamentales de mi empresa, y después, en un grito de guerra para los miembros de nuestras comunidades en Living Well Spending Less® y Elite Blog Academy®. Fue tanto su efecto que me motivó a comenzar el podcast *Do It Scared with Ruth Soukup* con el fin de ayudarles a otros y ayudarme a mí misma a enfrentar nuestros miedos, superar obstáculos y, lo más importante, a construir la vida que tanto *anhelamos*.

Hasta podría decirse que me obsesioné un poco. Y ahí es donde entra en escena este libro.

ARQUETIPOS DEL MIEDO

Durante los últimos nueve años, a medida que navegaba por mis propios miedos y hablaba con muchos miembros de nuestras comunidades, comencé a reconocer el impacto que ejerce el miedo en nuestra vida, en especial, en las mujeres.

Es devastador escuchar a tanta gente en nuestra comunidad decir que se siente al margen de su propia vida, temerosa de entrar en acción, aterrorizada de cometer un error, de decepcionar a otros, de fracasar o de que otros se rían de ellos. Quienes piensan y sienten de esta manera saben qué cosas les gustaría hacer y aun así no las hacen por el simple hecho de que tienen demasiado miedo.

Sin embargo, al hablar sobre este tema con más y más mujeres, comencé a darme cuenta de que no todos los miedos se generan de la misma manera. Bueno, no me malinterpretes, todos tenemos miedo de algo y, en algún momento, todos hemos sido impactados por ese sentimiento de alguna manera, aunque varía mucho la forma en que este se manifiesta en nuestra vida. Una persona le teme al fracaso mientras que otra le teme al rechazo. Una persona teme ser considerada responsable y en cambio otra está paralizada ante la idea de equivocarse al hacer algo, sin importar lo que ese "algo" sea.

Así las cosas, decidí que quería profundizar, y vaya, ¡sí que lo hice! Encuesté a más de 4.000 personas en mis comunidades sobre el papel del miedo en su vida y luego contraté a un equipo de investigadores para que me ayudara a analizar aquella asombrosa cantidad de datos. Sobre todo, estaba interesada en descubrir más sobre cómo el miedo nos impide perseguir nuestros sueños, alcanzar nuestras metas y aprovechar las oportunidades que se nos presentan por el camino.

La encuesta incluyó preguntas sobre objetivos y sentimientos de satisfacción con la vida, así como preguntas sobre experiencias de miedo y adversidad, sobre momentos en que el miedo logró impedir que alguien persiguiera su meta o sueño mientras que otros lograron superar lo suyos y alcanzar lo que fuera que se habían propuesto. Varias de las preguntas fueron abiertas y las historias que las personas compartieron sobre sus experiencias abarcaron desde las más inspiradoras hasta las más desgarradoras. Muchas de estas historias están representadas a lo largo de este libro, ya sea como citas de las respuestas de la encuesta o como historias ligeramente modificadas y de personajes arquetípicos.

Los resultados de la encuesta fueron increíblemente perspicaces de varias maneras, pero se destacó un descubrimiento sobre todos los demás. De hecho, en el momento en que este encajó en su lugar, casi me dejó sin aliento. Y, lo que es más, tuvieron sentido tantas preguntas confusas y sin respuesta. Ese momento crucial fue el descubrimiento de siete patrones de miedo: siete formas distintas en las que el miedo se desarrolla en nuestra vida, específicamente, en la forma en que este impacta nuestra voluntad de salir de nuestras zonas de confort para perseguir bien sea un sueño o una oportunidad. Y debido a que me encanta ponerles nombre a las cosas (una obsesión de la cual mi equipo atestiguaría fácilmente), llamé a estos siete patrones "arquetipos del miedo". Incluyen el procrastinador, el seguidor de reglas, el complaciente, el marginado, el que duda, el experto en sacar excusas y el pesimista.

Y ahí es donde todo se vuelve *realmente* fascinante. Porque, como ves, aunque cada uno de nosotros posee algunas características de los siete arquetipos, la mayoría de nosotros posee, por lo menos, un arquetipo dominante que le afecta con más fuerza que los demás y que se desarrolla de manera más notable en su vida. Como el miedo mismo, cada uno de los siete arquetipos tiene rasgos positivos y negativos —atributos que nos estorban o nos ayudan.

El hecho de que todos experimentemos el miedo de maneras diferentes significa que el camino para *superarlo* también será un tanto diferente para todos. Por lo tanto, conocer la forma específica en que surgen y evolucionan nuestros miedos, nuestros arquetipos de miedo, es esencial para saber con exactitud cómo superarlos.

EVALUACIÓN DEL MIEDO A HACER LAS COSAS AUNQUE SEA ASUSTADOS

El primer paso crítico para lograr superar nuestros miedos es comprender las formas únicas y específicas en que estos podrían estar frenándonos. Aun así, no siempre es fácil identificarlas en nosotros mismos. Por esa razón, para ayudarte en este proceso, mi equipo y yo desarrollamos una evaluación de este miedo que te ayudará a identificar tu arquetipo de miedo más dominante.

Y aunque es una herramienta útil para identificar los tipos específicos de miedos que te mantienen atascado, hay algunos puntos esenciales a tener en cuenta.

No hay arquetipos de miedo "buenos" versus "malos". Sin embargo, debido a que los arquetipos representan las distintas formas en que el miedo se manifiesta en nuestra vida, los siete arquetipos tienen nombres que suenan negativos, pero cada arquetipo tiene rasgos tanto positivos como negativos.

Tu arquetipo de miedo puede cambiar según las circunstancias actuales de tu vida y las estaciones particulares de ella, pero también se ve muy afectado por factores más profundos como las experiencias infantiles y los traumas.

Cuanto mayor sea tu puntaje porcentual con respecto a un arquetipo en particular, más probable será que dicho arquetipo esté afectando tu vida. Es muy posible que tus niveles en los siete arquetipos vayan de los rangos bajo a medio, en cuyo caso el miedo representaría un problema menor para ti. Del mismo modo, bien puede ocurrir que tu puntaje sea alto en varias categorías.

CÓMO USAR ESTE LIBRO

Este libro está destinado a ser una herramienta práctica, una guía; te ayudará a enfrentar tus miedos, a superar la adversidad y, lo más importante, a construir la vida que tanto anhelas tener. Mediante partes iguales de inspiración, aplicación práctica y amor rudo, esta lectura te desafiará a repensar algunas de las creencias limitantes que tal vez te hayan atrapado y te motivará a hacer los cambios necesarios para seguir adelante.

Nuestro viaje comienza en la Parte Uno, entendiendo las siete únicas formas en que el miedo se manifiesta en nuestra vida. Primero, identificando y aprendiendo más sobre tu propio arquetipo único del miedo y sobre las formas en que este podría estar frenándote. Y segundo, entendiendo la forma en que el miedo tiende a manifestarse en otros a tu alrededor. A lo largo de esta primera parte, identificarás áreas específicas en las que sea probable que necesites enfocarte con el fin de progresar más rápido. Esta sección es muy divertida, ya que reconocerás aspectos de ti mismo y de las personas que conoces en, por lo menos, algunas de nuestras características arquetípicas. Solo ten en cuenta que, sea cual sea tu arquetipo, siempre habrá ciertos pasos de acción que deberás dar para poder avanzar y que siempre los encontrarás aquí, en esta sección.

En la Parte Dos, exploraremos los principios de valentía —siete principios fundamentales que, una vez los adoptes como propios, transformarán radicalmente tu mentalidad y te darán el valor para hacer cambios que antes creías imposibles.

Y por último, en la Parte Tres, Valentía en acción, encontraremos algunas herramientas prácticas y útiles para implementar estos cambios de maneras concretas.

¡Hazlo… así sea con miedo! está diseñado para ser una lectura rápida y divertida que, definitivamente, querrás digerir poco a poco. Inclusive, leerás algunos capítulos más de una vez. Asegúrate de tener listos un marcador, un bolígrafo y un cuaderno, porque te garantizo que querrás tomar notas.

Ahora, a enfrentar tus miedos, a superar la adversidad y a construir la vida que tanto anhelas tener.

¡Hazlo… así sea con miedo!

Parte Uno

Los arquetipos del miedo

Cuando se trata de enfrentar los obstáculos que nos detienen o nos impiden alcanzar nuestras metas y sueños, no todo los miedos nacen de la misma manera, ni siempre se manifiestan igual. Los siete arquetipos del miedo representan las formas únicas en que el miedo irrumpe en nuestra vida. La buena noticia es que, una vez identificamos el tipo de miedo que está afectándonos negativamente, reteniéndonos o manteniéndonos estancados, sí es posible hacer algo al respecto.

Capítulo 1

El procrastinador

Cuando tu mayor miedo
es cometer errores

"El perfeccionismo no es tanto el deseo de excelencia, sino el miedo al fracaso expresado en dilación".

Dan Miller, autor de *48 Days to Work the Work You Love*

A Alice siempre le ha gustado que las cosas sean así.

Ella suele ser bastante particular con respecto a la forma en que se viste, se peina y decora su hogar. Para ella es importante que todo esto esté *perfecto*, incluso si no siempre puede explicar qué es "perfecto" para ella. De hecho, a veces, pasará horas retocando los detalles más pequeños, cambiándose de blusa o de zapatos o de accesorios o ubicando un jarrón o un marco de fotos por toda la habitación con la única pretensión de que todo luzca lo más perfecto posible.

Preferir hacer las cosas a la perfección es un tema de mucho valor para Alice. La verdad es que la idea de cometer un error la aterroriza, a veces, tanto, que tiene miedo de comenzar a hacerlas. Con mucha frecuencia, para compensar este miedo, Alice suele empezar a trabajar en sus proyectos con bastante anticipación con el fin de darse el mayor tiempo posible para revisarlos, pues ella sabe que lo más probable es que estará retocando hasta el más mínimo detalle, queriendo asegurarse hasta el último minuto de que todo sea tal y como debe ser.

Cuando era estudiante, siempre procuró adelantarse en sus trabajos escolares, a veces, comenzando incluso desde antes de que sus maestros se los hubieran asignado. Y aun así, ella nunca entregó una tarea sino hasta el último minuto; en ocasiones, se trasnochaba solo para verificarla y seguir verificándola una y otra vez más hasta ajustarla de tal modo que quedara perfecta. Pero cuando había una tarea a la que realmente le temía, Alice la posponía casi indefinidamente.

Hoy en día, Alice trabaja como diseñadora gráfica para una nueva empresa de rápido crecimiento en la industria del café. Le encanta el trabajo (y el café), pero también lo encuentra muy estresante. Debido a que la compañía está creciendo tan rápido, las cosas cambian con bastante frecuencia y parece que casi todos los proyectos en los que se le ha pedido que trabaje se necesitaran CUANTO ANTES, lo cual no le da tiempo a Alice para avanzar en su labor. Su jefe no tiene ni la menor idea de que, muy a menudo, ella se queda despierta hasta la media noche trabajando sin parar, ajustando sus diseños para poder hacerlos a tiempo. Como resultado de su falta de sueño, de los cambios constantes que hace y de la intensa presión que ella ejerce sobre sí misma para asegurarse de que todo esté siempre perfecto, Alice comenzó a sentirse desgastada y agotada.

Tantos cambios hacen que Alice se sienta extremadamente incómoda. Ella prefiere seguir una rutina y enfocarse en todo aquello que sabe hacer muy bien. A veces, sus amigos y su esposo se burlan de ella por ser tan rígida, pero Alice prefiere pensar que es consistente. Y aun así, esa necesidad de consistencia tiende a detenerla. Se siente ansiosa al tener que decirle que sí a cualquier cosa que esté demasiado lejos de su zona de confort, incluso cuando hay una parte de ella a la que le encantaría liberarse. Hace poco, cuando su iglesia le pidió que participara en un viaje misionero a Kenia, Alice tenía demasiado miedo de comprometerse. "¡Es tan lejos!", dijo, "¡Y tengo tantas incógnitas con respecto a ese viaje!".

Debido a que su trabajo es tan estresante, Alice ha pensado mucho en expandirse por su cuenta y convertirse en diseñadora gráfica independiente. La idea de poder trabajar desde casa y establecer su propio horario es atractiva, pero cuando se trata de comenzar su propio negocio, también le aterra cometer un error o dar un paso en falso. De hecho, tiene tanto miedo de fracasar que todo parece indicar que no logrará dar ese paso. A veces, se siente paralizada. Alice tiene grandes expectativas con respecto a sí misma y a todos los que la rodean. Cuando ella y su esposo pelean, él la acusa de ser perfeccionista. Alice no entiende por qué serlo es tan malo. ¿Qué tiene de malo querer que las cosas sean perfectas? En su opinión, es mejor no hacer nada en absoluto que hacerlo y que no sea a la perfección.

Alice es procrastinadora.

EL ARQUETIPO DEL PROCRASTINADOR

También conocido como el perfeccionista, con lo que más lucha el arquetipo del procrastinador es con su miedo a cometer errores y es frecuente que este miedo se manifieste como miedo al compromiso o a comenzar alguna labor o proyecto. Debido a que le aterroriza hacer un movimiento incorrecto, el procrastinador busca, y casi siempre encuentra, cualquier cantidad de razones aparentemente legítimas para no comenzar sus proyectos o no intentar realizarlos.

Irónicamente, en apariencia, el procrastinador suele exhibir un comportamiento que parece *opuesto* a la procrastinación, por ejemplo, planifica con mucha anticipación o trata de avanzar en lo que sea que esté haciendo. En todo caso, es importante observar que, para el procrastinador, la procrastinación no necesariamente ocurre en el sentido tradicional de posponer todo hasta el último minuto. También suele ocurrir que él/ella quiere evitar cometer errores y, por lo tanto, tratará de darse el mayor tiempo posible para realizar cualquier actividad.

Como regla general, cuando se trata de acelerar su labor, el procrastinador tiene miedo de actuar y tiende a verse paralizado por la indecisión, en especial, cuando tiene que tomar medidas decisivas de un momento a otro. El procrastinador prefiere pasar una cantidad excesiva de tiempo investigando, planeando y organizándose. Si bien este alto nivel de preparación resulta ventajoso, es innegable que también obstaculiza el progreso cuando la investigación, la planificación y la organización se convierten en los sustitutos de actuar.

En esencia, los procrastinadores se sienten aterrorizados de equivocarse o cometer algún error crucial, sobre todo, uno que no sea reversible. El problema es que este miedo intenso les impide avanzar hacia sus metas y sueños. Por esa razón, es muy frecuente que requieran de una influencia externa o de una fecha límite que los obligue a actuar; y si se dejan a su libre albedrío, habrá muchas veces en que preferirán posponer de manera indefinida lo que sea en lo que estén trabajando.

Según nuestra encuesta, el procrastinador es el más común de todos los arquetipos del miedo, puesto que el 41% de los encuestados mostró que este es su arquetipo superior y para el 74% este arquetipo aparece en los tres primeros lugares de influencia.

ATRIBUTOS POSITIVOS

El deseo del procrastinador por la perfección lo impulsa hacia alcanzar altos logros. Por lo tanto, valora la excelencia y se mantiene a muy alto nivel de desempeño y, como es obvio, sus resultados suelen ser de alta calidad. El procrastinador es muy bueno en tareas que requieren de una atención vehemente en los detalles o de extrema diligencia en la preparación y seguimiento de procesos. Además, su minuciosidad en la investigación y la preparación da como resultado menos errores y un mejor resultado final.

El procrastinador prefiere el orden y la organización y tiende a ser eficaz para crear sistemas. A menudo, es centrado, motivado, diligente y su ética de trabajo es bastante confiable. Es orientado a realizar tareas y obtener resultados. Con frecuencia, se siente atraído y sobresale en ocupaciones que requieren de óptima atención en los detalles, así que se desenvuelve con facilidad en áreas de investigación científica, ingeniería, redacción y edición, diseño de interiores, diseño gráfico, enseñanza y administración.

HÁBITOS Y COMPORTAMIENTOS

- Le gusta planificar con anticipación para contar con el mayor tiempo posible.

- Suele planificar vacaciones y proyectos importantes con meses o incluso años de   anticipación.

- Tiende a enfocarse en los detalles.

- Pospone o evita hacer cosas en las que no se siente competente.

- Se siente naturalmente atraído por el orden y la organización.

- A menudo, verifica y verifica dos o más veces para asegurarse de que todo esté perfecto.

- Nunca tiene la certeza de que las cosas ya están "listas"

- Ama la investigación y siente que siempre hay más para aprender sobre el tema

- Tiende a ser extremadamente autocrítico

- Se deprime o se enoja mucho a causa de los errores

- Se ciñe a los horarios y es muy consciente de los plazos

**En síntesis
El procrastinador...**

- ⊖ Es un perfeccionista al que, como es apenas obvio, le encanta que las cosas sean "perfectas"
- ⊖ Teme cometer errores y tiene problemas para "lanzarse al agua"
- ⊖ Pasa demasiado tiempo investigando y planeando
- ⊕ Normalmente, produce trabajos de alta calidad
- ⊕ Es muy organizado
- ⊕ Enfoca su atención en los detalles

LA VOZ DEL PROCRASTINADOR

Una de las partes más poderosas de la encuesta fueron los comentarios que los encuestados hicieron para describir sus miedos. Cada arquetipo tiene su propia voz, su propia forma única de expresar cómo ve y siente el miedo. Todas las siguientes declaraciones son citas de los encuestados que recibieron una puntuación alta en cuanto a su tendencia a ser procrastinadores:

- "Me siento tan avergonzado ante el hecho de no lograr la perfección, que este sentimiento hasta me impide comenzar a hacer lo que tenga que hacer".

- "Siempre me preocupa no tener toda la información correcta que necesito para avanzar".

- "Odio la sensación de sentirme incómodo en medio de una situación desconocida. Los cambios me ponen nervioso y siempre tengo miedo al fracaso cuando se trata de hacer cosas nuevas".

- "Simplemente, siento miedo de fallar. No sé cómo manejaría el fracaso de una 'gran meta' y eso es lo que me impide comenzar. No quiero decepcionar a mi esposo, ni a mi hijo si fallo, ni tampoco quiero que quienes me rodean me identifiquen por mi fracaso desconociendo lo que logro cada día en mi situación laboral actual".

- "Tengo miedo de fracasar y, a veces, también de triunfar. En esencia, creo que a lo que le tengo miedo es al cambio. Por esa razón, mis emociones me retienen, pues siento que lo que sé y hago ahora sí es 'seguro'".

- "Tengo miedo de fallar. También tengo miedo de tener que ponerme allá afuera, en el mercado laboral, en caso de que falle. Me resulta realmente incómodo estar en situaciones nuevas".

CÓMO TE RETRASA ESTE ARQUETIPO DEL MIEDO

Si bien hay mucho que admirar acerca de la atención del procrastinador en los detalles y de su compromiso casi fanático con la excelencia, el miedo dominante a cometer un error o a comprometerse con un curso de acción irreversible dificulta su disposición a asumir riesgos, probar cosas nuevas o comprometerse con objetivos grandes y retadores.

Las siguientes son algunas formas en que el hecho de ser un procrastinador te retrasa y te afecta negativamente:

- Te preocupas tanto por planificar con mucha anticipación que llegas al punto de desaprovechar oportunidades inmediatas que tienes frente a ti.

- Dices no con demasiada frecuencia.

- Te sientes paralizado ante la idea de cometer un error, tanto, que ese temor te impide dar el primer paso.

- Nunca te sientes listo para comenzar y por eso no lo haces.

- Pasas tanto tiempo investigando, planificando y organizando que, a la hora de la verdad, nunca comienzas.

- Tiene problemas para comprometerte con plazos específicos.

- Luchas por cumplir tus altas expectativas y rara vez te sientes 100% satisfecho con tu trabajo.

- Tienes problemas para terminar proyectos importantes, porque sientes que siempre se pueden hacer más ajustes y mejoras.

- Luchas para concederte mérito propio y para darte la libertad de probar cosas nuevas y cometer errores.

- Experimentas ansiedad y miedo cuando no tienes suficiente tiempo para investigar y planificar.

ESTRATEGIAS PARA SUPERAR ESTE MIEDO

Si eres procrastinador, te daré algunas estrategias para superar tu miedo a cometer errores.

Replantear

Cuando empiezas a ver la vida como una serie de *lecciones* y no como errores, sientes más libertad para experimentar sin tener que esforzarte en lograr la perfección. Para el procrastinador, el miedo a cometer un error o a dar un paso en falso es tan paralizante que le impide entrar en acción. Por supuesto, si no actúas, nunca lograrás ninguno de esos grandes objetivos y sueños que rondan tu mente una y otra vez. Por eso, es tan importante que aprendas a replantearte tu forma de ver los errores y todas las imperfecciones y cosas que salen mal.

Actuar en consecuencia

Un cambio simple, pero muy efectivo e inmediato es comenzar a agendar plazos más precisos en tu calendario —plazos que, de no cumplirlos, impliquen consecuencias—. Podría ser una multa autoinfligida o solicitar refuerzos de fuentes externas o pedirle a tu cónyuge o a un(a) amigo(a) de confianza o incluso a tu jefe que sea él o ella quien establezca la fecha y determine en qué o en cuánto consistirá la multa. Ten presente que, cuanto más preciso seas en el trabajo que necesitas realizar, más probabilidades tendrás de cumplir los plazos acordados.

Como procrastinador, tu tendencia natural suele ser poner el mayor plazo posible entre lo que tienes que hacer y la fecha límite. A veces, eso significa planificar con demasiada anticipación; a veces, significa esperar hasta el último minuto. De cualquier manera, significa que, más que cualquier otra cosa, ¡necesitas una fecha límite!

Te recomiendo que trates de practicar la acción imperfecta —haz alguna cosa todos los días solo por hacerla, no porque tenga que ser "perfecta"—. Por ejemplo, practica entregar el borrador de una tarea aunque todavía no sea el producto final, solo para ver cómo te sientes haciéndolo. Al final, la acción es el único y verdadero antídoto contra el miedo, lo que significa que, cuanto más practiques ponerte en acción —así sean pequeños pasos en la dirección correcta—, más fácil te será dar pasos más grandes y tomar acciones más drásticas.

Hacer rendición de cuentas

Un compañero de rendición de cuentas es alguien que te apoya, te alienta y te reta a mantener vigente cualquier compromiso que adquieras. (Hablaremos más sobre cómo trabajar con un compañero de rendición de cuentas en los capítulos 11 y 18). La clave para un procrastinador es encontrar a alguien dispuesto a ayudarle, pero que no sea procrastinador. Debe ser alguien que tenga fortalezas diferentes y un arquetipo de miedo diferente a los suyos y que quiera brindarle perspectivas y alternativas que él/ella necesita. Busca a alguien que te anime a tomar cartas en el asunto, a actuar y seguir avanzando, incluso cuando las cosas no sean del todo perfectas. Además, debe ser un compañero dispuesto a llamarte a cuentas cuando observe que estás posponiendo las cosas o sintiendo miedo de comprometerte.

SOBREPONERTE AL PERFECCIONISMO

Alice sabe que lo más probable es que ella siempre será una persona que tienda a la "perfección". Sin embargo, ha comenzado a hacer los correctivos necesarios para superar esos temores de fallar y cometer errores que la han mantenido estancada. Comenzó publicando un letrero en su escritorio que decía: "No hay errores, solo lecciones". Todavía no está muy segura de creerlo realmente, pero le gusta mantener ese recordatorio frente a ella todo el tiempo. El hecho es que, en las últimas dos semanas, ha notado que la ansiedad y el pánico que siempre sentía justo antes de entregar un nuevo proyecto han disminuido en gran manera.

Alice también ha comenzado a usar un cronómetro para marcar los tiempos en que debe completar ciertas tareas, además de darse plazos firmes para cada gran proyecto. El resultado ha sido bueno, pues el cronómetro le ha ayudado a detener los ajustes interminables que ella solía hacer y se está dando cuenta de que el resultado de su trabajo podría incluso ser mejor. Su jefe no parece notar ningún cambio en la calidad, pero Alice se siente mucho menos estresada al no tener que realizar todos los cambios que ella pensaba que se necesitaban.

Si bien está comenzando a disfrutar mucho más de su trabajo, la libertad para cometer errores que Alice descubrió no hace mucho la ha llevado a pensar más en serio acerca de expandirse por su cuenta como profesional independiente. Para animarse y sentirse apoyada, Alice se unió a un grupo de diseñadores gráficos independientes de Facebook. Ha conseguido hacer excelentes conexiones y obtener respuestas a muchas de sus preguntas sobre la vida como trabajadora independiente. Cuando algunos de los diseñadores la animaron a preguntarle a su jefe si pensaría en la posibilidad de contratarla como contratista a tiempo parcial mientras ella establecía su negocio independiente, ella tomó cartas en el asunto y siguió adelante. Como resultado de su gestión, su jefe le dijo que sí.

Alice nunca se dio cuenta de lo mucho que esa necesidad de perfección estaba afectando su vida; hoy en día, ya es consciente de qué tanto su miedo a cometer errores la había estado frenando en tan distintas áreas. Además, está sorprendida de lo feliz y satisfecha que se siente ahora que está trabajando activamente para superar sus miedos, incluso si a veces superarlos significa cometer errores.

¡Hazlo... así sea con miedo!

¿Necesitas más consejos para enfrentar la procrastinación y el perfeccionismo? Presta mucha atención a las lecciones de los capítulos 8, 12, 17 y 21.

Capítulo 2

El seguidor de reglas

Cuando tu mayor miedo es colorear
por fuera de los bordes

"Aprende las reglas como un profesional para que puedas romperlas como un artista".

A veces, se le atribuye a Pablo Picasso

Tracy siempre ha sabido respetar las reglas.

Siendo apenas una niña, era muy responsable y confiable, la estudiante que nunca se pasaba de la raya, ni cuestionaba a sus maestros. Trabajaba duro. Sabía colorear por dentro de los bordes. Siempre siguió al pie de la letra todas las reglas. Y desde muy temprana edad, tenía claro que quería hacer una carrera relacionada con la aplicación de la ley.

Después de cuatro años en el ejército, Tracy se convirtió en oficial de policía en una ciudad a solo 20 millas de donde creció.

Por muchas razones, amaba su trabajo. La ley es clara e inequívoca y le gusta saber con exactitud qué era lo que se espera de ella.

Le dedicaba tiempo a su labor, seguía las reglas y, como es apenas lógico, ascendió de rango, tal como se suponía que debía hacerlo.

Durante su tiempo libre, Tracy trabajó como voluntaria en la comunidad y fue miembro activo de su iglesia. Ella y su esposo compraron algunos acres fuera de la ciudad y, después de que nacieron sus tres hijos, comenzaron a cultivar sus propios vegetales como proyecto familiar. Pronto, la jardinería se convirtió en una obsesión para ella; le encantaba ver que, cuanto más esfuerzo hacía y cuanto más cuidadosa era para proporcionarles la cantidad justa de agua y fertilizante a sus cultivos, mejores resultados obtenía. Le encantaban las conservas y los encurtidos y pronto estaba regalándoles sus salsas caseras y encurtidos picantes a sus amigos y familiares.

Las cosas no podían ser mejor. Para Tracy, la vida era estable y predecible, tal como le gustaba. Pero un día, se lastimó.

Desafortunadamente para ella, su lesión no sucedió en el trabajo, lo cual le habría garantizado una jubilación anticipada y beneficios por discapacidad. El hecho es que su accidente ocurrió de la manera más tonta. Simplemente, le estaba ayudando a una amiga a cambiarse de casa y, en medio del trasteo, se resbaló en un escalón y se rasgó un ligamento y una parte del cartílago de la rodilla.

Ante eso, la empresa donde trabajaba tuvo que asignarle tareas de escritorio temporales para que pudiera permanecer quieta y cuidar de su rodilla, pero ese cargo terminó por volverse permanente, pues su rodilla no se curó del todo bien. Como era de esperarse, la reasignación significó una degradación en su cargo y, por lo tanto, un importante recorte salarial.

Para Tracy, la vida dejó de ser tan estable y predecible como antes.

Desde el momento en que le faltaban tres años para que pudiera comenzar a cobrar su pensión, Tracy sabía que tenía que encontrar alguna forma de complementar sus ingresos, así que comenzó a vender sus salsas y productos caseros en el mercado local de agricultores. Tracy hizo un trabajo excelente investigando posibles combinaciones de sabores interesantes e incorporándolas en sus productos. Como resultado, estos eran deliciosos y se fueron volviendo increíblemente populares. Así las cosas, Tracy comenzó a acumular seguidores locales.

Ahora, algunos de sus clientes más leales la están animando a crecer con este incipiente negocio, a crear una marca para sus productos e incluso a comenzar a venderlos en línea.

Sin embargo, aunque Tracy se siente entusiasmada y ansiosa por ganar más dinero, duda en dar el siguiente paso, pues sabe que hay un montón de regulaciones relacionadas con la venta de comida y no sabe cómo cumplir con todos esos requisitos. Vender en un mercado de agricultores es una cosa, las leyes son bastante relajadas, pero montar un negocio real y vender en línea y llegar a enviar sus productos fuera del Estado le parece un proyecto fuera de su alcance. ¿Dónde y cómo podría comenzar a encontrar la lista de todos los requisitos? ¿Y si omite algo? La idea de violar una regulación importante o de meterse en problemas la aterroriza. Cada vez que reflexiona sobre el asunto, se siente paralizada.

Simplemente, no hay manera. Y encima, se siente atrapada.

Tracy es seguidora de reglas.

ARQUETIPO DEL SEGUIDOR DE REGLAS

A menudo, los que se empeñan en hacer las cosas de la manera en que se supone que se deben hacer, los que ejemplifican el arquetipo del seguidor de reglas, luchan más que todo con un miedo desmedido a la autoridad, un miedo que, a menudo, se manifiesta como una aversión irracional a romper las reglas o a hacer cualquier cosa que pudiera ser percibida como "no permitida". La simple posibilidad de meterse en problemas —aun cuando el "castigo" en potencia sea tan solo imaginario— es suficiente para evitar que el seguidor de reglas se ponga en acción o avance.

Los seguidores de reglas ven el mundo en blanco y negro y tienden a sentirse ansiosos cada vez que sienten que ellos mismos u otras personas se salen de las normas de comportamiento. Hasta se preocupan por asegurarse de que quienes los rodean estén tomando buenas decisiones y, a veces, ese hecho hace que sean percibidos por los demás como entrometidos.

En esencia, el seguidor de reglas cree que si las cosas no se hacen de acuerdo a las reglas, se producirá el caos. Su mentalidad es que muchas cosas en la vida son como son y no deberían ser cuestionadas, ni cambiadas. El seguidor de reglas se siente energizado cuando demuestra que tiene razón o cuando la decisión que ha tomado es la correcta.

Con mucha frecuencia, renuncia a su propio mejor juicio en aras de seguir las reglas debido a su miedo irracional a salirse de los límites y anula todo lo demás que pudiera suceder. Este miedo también suele evitar que los seguidores de reglas se pongan en marcha y avancen hacia sus propias metas o sueños. Casi siempre, tienen miedo de confiar en su instinto o de tomar una acción que no les parezca clara y directa.

Los seguidores de reglas tienden a ser conformistas y son algo rígidos. Les gusta saber que hay una manera "correcta" de hacer las cosas y se sienten cómodos al seguir las normas establecidas. Se recienten ante la idea de salirse de sus parámetros o de desviarse de su propio camino y, en ocasiones, juzgan a quienes no siguen las normas como ellos.

El arquetipo del seguidor de reglas es el segundo más común. Para el 14% de las personas, ese es su arquetipo superior y para el 64% este arquetipo aparece entre sus tres primeras tendencias.

ATRIBUTOS POSITIVOS

El seguidor de reglas es responsable, confiable y un amigo y empleado muy leal. Tiende a ser excepcionalmente diligente, minucioso y estable, además de reflexivo y considerado; se puede contar con él/ella para vigilar a otras personas.

El seguidor de reglas tiene un claro sentido de lo correcto y lo incorrecto, así como una excelente capacidad de discernimiento y un código moral muy firme. En general, este sentido del deber y la obligación hacia los demás y hacia la comunidad suele verse reflejado en su compromiso con el trabajo voluntario y el servicio público.

El seguidor de reglas también tiende a ser meticuloso con los detalles y es excepcionalmente bueno en procesos de seguimiento, siempre cuidando de marcar el punto en la letra "i" y de cruzar la raya en la letra "t". Se toma el tiempo de leer la letra menuda y de asegurarse de que ha hecho su debida diligencia. Debido a que le gusta saber que hay una forma correcta e incorrecta de hacer las cosas, se siente atraído naturalmente hacia las carreras que tienen pautas muy claras y un camino directo bien establecido, como la aplicación de la ley, la ingeniería, las matemáticas, programación informática, servicio público, derecho y medicina.

En síntesis
El seguidor de
las reglas...

- Suele tenerle un miedo desmedido a la autoridad
- Se siente nervioso ante la probabilidad de romper las reglas o no hacer las cosas de la forma en que "se supone" que deben hacerse
- Es capaz de adherirse a una regla o al *statu quo* a expensas de su propia opinión
- Tiende a ser extremadamente confiable y responsable
- Es leal, considerado y atento
- Posee un fuerte sentido del deber y del bien y el mal

HÁBITOS Y COMPORTAMIENTOS

- Prefiere que las cosas se hagan de la manera "correcta", en el orden "correcto".

- Le gusta saber que hay un plan o protocolo establecido a seguir.

- Cuida a los demás para asegurarse de que estén tomando buenas decisiones.

- Tiende a ver el mundo en blanco y negro.

- Es reacio a salirse de las normas; se preocupa por el hecho de "meterse en problemas".

- Con frecuencia, es una persona de hábitos; le gusta el orden y la rutina.

- Trabaja duro para mantener un estilo de vida estable y previsivo.

- Le encanta tener la razón.

- Evita el caos y la incertidumbre.

LA VOZ DEL SEGUIDOR DE REGLAS

En nuestro estudio sobre el miedo, estos fueron algunos de los pensamientos y creencias expresados por los encuestados que recibieron alta puntuación como seguidores de reglas.

- "Más que todo, me siento preocupado ante situaciones desconocidas e inexploradas donde sea posible que no tenga un sistema de apoyo que me muestre el camino".

- "Me agrada cuando alguien me muestra con lujo de detalles qué hacer o me da un plan a seguir. ¡Lo seguiré al pie de la letra, siempre que sepa que funciona!".

- "Me molesta que la gente no siga las reglas o no haga las cosas de la manera correcta".

- "Siempre tengo que asegurarme de saber todo lo que necesito saber y de cumplir con la normatividad que rija lo que hago".

- "He pasado mi vida adulta pidiendo permiso. Me preocupa que lo que quiero hacer no esté permitido".

- "Tengo dificultad para saber qué hacer y cómo hacerlo de la manera 'correcta' y sin errores".

- "No me gusta la idea de equivocarme".

- "Lo que más me da miedo es la incertidumbre de no saber si estoy o no tomando la decisión 'correcta'. Con frecuencia, pienso que si tomo la decisión de elegir determinada opción, ¿de qué me estaré perdiendo al no elegir la otra opción?".

CÓMO TE RETRASA ESTE ARQUETIPO DEL MIEDO

Si bien el seguidor de reglas tiene muchas cualidades positivas y admirables, su miedo irracional a romper las reglas, hacer algo de la manera incorrecta o afrontar la posibilidad de meterse en problemas tienden a ser un gran obstáculo cuando se trata de probar cosas nuevas o establecer y lograr grandes objetivos. De hecho, suele ocurrir que el seguidor de reglas descartará una opción incluso desde antes de darle una oportunidad, solo porque parece que hacerlo de la manera "correcta" sería imposible.

Las siguientes son algunas maneras en que ser seguidor de reglas te afecta negativamente y te retrasa:

- Si bien a veces sueñas con hacer algo nuevo, casi siempre, evitarás correr riesgos como cambiar de profesión o quehacer, comenzar un negocio, mudarte a otra ciudad o retomar tus estudios.

- Tiendes a ser susceptible a la presión de grupo o a aceptar una idea popular por el simple hecho de que ese es el *statu quo* y no porque sea lo que más te conviene.

- Tienes dificultades para sentirte libre de probar cosas nuevas y cometer errores.

- Es posible que te cueste trabajo mantener una relación positiva con los no conformistas o con quienes han demostrado debilidad en alguna área de su vida. Tu tendencia a ver las cosas en blanco y negro hace que, en más ocasiones de las que crees, seas rígido e implacable.

- Tu temor poco saludable a la autoridad hace que aceptes las demandas de alguien en posición de poder en lugar de adoptar tu posición o usar tu propio juicio.

- Tiendes a experimentar ansiedad y miedo cuando no tienes un camino o plan de acción específico.

- Dejas que las creencias establecidas sobre tu género, raza, religión, estatus social o nivel educativo te dicten lo que crees que eres capaz o no de hacer.

ESTRATEGIAS PARA SUPERAR ESTE TEMOR

A continuación, te daré algunas estrategias que te ayudarán a superar tu miedo a hacer algo que no está permitido.

Replantear

No siempre es fácil regirte por tus propias reglas, sobre todo, cuando te sientes más cómodo siguiendo las reglas de *otros*. Aun así, tomarte el tiempo para crear y adoptar tu propio conjunto de principios —los valores básicos por los cuales deseas regirte— te ayudará a aliviar la presión constante que sientes al adherirte a las normas de los demás. No es necesario que sean principios rebuscados, ni completamente originales, pero deben reflejar tu ser verdadero y ajustarse a tus creencias fundamentales. Serán tu propio conjunto de pautas a seguir —pautas que deberán anular las "reglas" que escuchas de otras personas y fuentes externas.

Acoge este conjunto de principios de forma tanto proactiva como reactiva. Primero, haz un borrador de ellos para recordar la forma en que prefieres guiar tu vida. En segundo lugar, toma una situación específica mediante la que te sientas desafiado e identifica aquella regla evidente o tácita que te sientes obligado a cumplir en tal circunstancia. Tercero, reescribe esa regla con el fin de afirmarla y hacerla parte de tu conjunto de principios y reglas para vivir. Por ejemplo, una "regla" tácita (¡e inalcanzable!) en muchas organizaciones es: "Debes darlo todo o no tendrás éxito y te sentirás culpable". Reescribe esa regla de tal manera que diga: "Daré X —y no más— y no permitiré que nadie me haga sentir culpable por dar ese X. Tendré éxito en mis propios términos".

Actuar en consecuencia

Enumera las reglas que tienes miedo de romper y analízalas una por una. Para un seguidor de reglas, la necesidad de cumplir con la forma en que se supone que deben ser las cosas puede llegar a ser abrumadora. Cuando te tomes el tiempo para escribir esas reglas, te darás cuenta de que, en realidad, no tienen nada de "reglas" o que siempre es factible investigarlas y cumplirlas con gran facilidad. No todas las reglas son malas, pero el miedo a romperlas no debería ser lo que te frene. Vuelva a escribirlas en tu mente y descubrirás que aquellas reglas que tanto temías romper no son tan importantes como creías que eran.

Y mientras lo haces, practica "romper las reglas" y salte de tu zona de confort de tal manera que no te sientas en alto riesgo. Intenta algo como atreverte a protestar cuando alguien te está hablando de mala manera, reorganizar tus muebles de formas nuevas y creativas e incluso omitir instrucciones a propósito, si nunca lo has hecho antes, solo por el simple hecho de sobrepasar tus límites. Comienza con pequeñas cosas y te sorprenderá lo fácil que es romper tus límites en cosas grandes. Como seguidor de reglas, tu zona de confort tiende a estar muy bien definida. Por lo tanto, si deseas sentirte más cómodo haciendo cosas difíciles, asumiendo riesgos y atreviéndote a actuar ante el miedo, será útil que comiences de a poco.

Hacer rendición de cuentas

Como seguidor de reglas, necesitarás encontrar un socio responsable que no sea un seguidor de reglas. Más bien, busca a alguien que tenga fortalezas diferentes a las tuyas, con una perspectiva diferente y un arquetipo de miedo diferente al tuyo y que te brinde otra perspectiva sobre las reglas que te sientes tan obligado a seguir. Trata de encontrar a alguien que te motive a usar tu propio juicio y tus habilidades de pensamiento crítico en lugar de estar tan sujeto a la forma en que se "supone que son las cosas" —alguien que te llame a rendir cuentas cada vez que estés viendo determinada situación desde un punto de vista cuadriculado.

SOBREPONERTE AL MIEDO A ROMPER LAS REGLAS

Un sábado por la mañana en el mercado de agricultores, Jane, una de las mejores clientas de Tracy, comentó una vez más que le gustaría que Tracy llevara su negocio al siguiente nivel y comenzara a vender en línea.

"¡Tracy, tus sabores son increíbles! ¡El mundo necesita tus salsas!". Como siempre, Tracy sonrió, suspiró y comentó en tono melancólico: "No sé cómo superaría todas esas reglas y regulaciones. Tengo tanto miedo de hacer algo mal que no sabría cómo comenzar".

Pero esta vez, la respuesta de Jane la sorprendió. "Bueno, ¿por qué no tomas alguna capacitación sobre el tema u obtienes ayuda con las regulaciones? Estoy segura de que debe haber algún tipo de conferencia o clase que enseñe todas esas cosas. ¡Deberías investigarlo!".

Tracy estaba sorprendida. ¿Cómo nunca había pensado en eso?

Cuando llegó a casa, comenzó a investigar al respecto y descubrió que el mes siguiente habría una conferencia sobre comercio electrónico en una ciudad a solo tres horas de distancia. De inmediato, se registró para asistir a ella sintiendo que estaba haciendo lo correcto.

Al final, resultó que aquella fue la mejor decisión que Tracy pudo haber hecho.

En la conferencia, se inscribió en la sección de vendedores de alimentos, donde tomó una clase cuyo tema era cómo navegar y conocer sobre las reglas y regulaciones de seguridad alimentaria. Allí, obtuvo respuestas a todas sus preguntas más importantes y regresó a casa con un plan de acción bastante claro sobre qué hacer a partir de ese instante. Pero eso no fue todo. También hizo algunas conexiones excelentes con otros minoristas que ya habían estado vendiendo en línea durante un tiempo y aprendió un montón sobre otros aspectos del comercio electrónico que la habían intimidado durante mucho tiempo, por ejemplo, cómo construir un sitio web y cómo manejar las ventas y el marketing. Y estando allí, se inscribió en un grupo de entrenamiento en línea que le brindaría apoyo e instrucción en el camino.

Equipada con un conjunto de "instrucciones" a seguir, Tracy se sintió empoderada para seguir adelante con su sueño, siguió al pie de la letra cada paso del plan que le habían ayudado a diseñar y, en unos pocos meses, había establecido su sitio web y comenzado a vender en línea.

Por primera vez, Tracy se sentía emocionada ante lo desconocido en lugar de tenerle miedo. Enfrentarse a sus miedos le ha dado más confianza y no ve la hora de descubrir qué más le depara el futuro.

¡Hazlo... así sea con miedo!

¿Necesitas más consejos para superar tu miedo a romper los límites y atreverte a salirte de tu forma cuadriculada de pensar? Asegúrate de leer los capítulos 9, 12 y 19.

Capítulo 3

El complaciente
Cuando tu mayor miedo es lo que pensarán los demás

"Lo más probable es que no te preocuparías tanto por lo que la gente piense de ti si supieras lo poco que a ellos les preocupa lo que hagas o dejes de hacer".

—Olin Miller

Todos aman a Mandy.

Ella es así... agradable, reflexiva, amable, generosa y siempre dispuesta a contribuir. De hecho, rara vez, dice que no, porque odia decepcionar a los demás.

Desafortunadamente, ese es un rasgo que, a veces, hace fácil que la gente se aproveche de ella. Ya sea en el trabajo o en la iglesia o incluso en la Asociación de Padres de Familia de la escuela de sus hijos, todos saben que Mandy es la persona más indicada a la cual acudir cuando alguien necesita ayuda o un favor, porque ella siempre ayudará más allá de lo que le pidan que haga. A veces, sus amigos hasta se preguntan cómo Mandy encuentra tiempo para dormir.

Mandy trabaja como administradora de una gran empresa de construcción y su jefe la adora. ¿Cómo no adorarla? Ella es la empleada modelo, llega temprano y se queda hasta tarde, siempre asegurándose de haber hecho el mejor trabajo posible, a veces, haciendo el trabajo de compañeros que no dieron la talla en lo que se les pidió que hicieran.

Mandy odia los conflictos y la tensión, así que pasa mucho tiempo tratando de suavizar las cosas y asegurándose de que nadie esté molesto o enojado. A veces, su jefe la molesta y la llama Pollyanna, porque ella siempre está tratando de ver el lado positivo de todo.

Mandy ha sido así desde que era una niña. Ella creció en una familia relativamente feliz. Eran casi perfectos —una madre y un padre con dos hijos, una niña y un niño, que vivían en los suburbios de una cómoda casa de rancho de dos niveles—. En aquel entonces, su hermano mayor comenzó a rebelarse cuando ingresó a la escuela secundaria donde siempre parecía estar en problemas. Las peleas en casa eran épicas y Mandy pasó la mayor parte de su tiempo tratando de ser la hija perfecta y evitando que la tensión brotara.

Mandy le presta mucha atención a su apariencia física y a lo que lleva puesto, pues siempre le preocupa lo que los demás piensen sobre ella. Le gusta mantenerse al día con las tendencias, pero no le gusta ser demasiado vanguardista. También se enorgullece mucho de la decoración y el cuidado de su hogar. ¡Nunca querría que nadie pensara que ella no es una buena ama de casa!

Mandy siempre ha tenido una vida social activa y muchos amigos. Es divertido estar cerca de ella y realmente ilumina con su sonrisa. La mayoría de las veces, Mandy y su esposo se llevan muy bien, sobre todo, porque Mandy odia discutir y, por lo general, acepta lo que él quiera en lugar de defender su propia opinión.

De vez en cuando, Mandy sueña con comenzar su negocio propio —le encantaría abrir una pequeña cafetería en el centro de la ciudad—, pero no tiene ni la menor idea de dónde, ni cómo encontrar el tiempo disponible para dedicarse a hacerlo. Y además, no cree que pueda soportar la idea de lo que la gente diría, sobre todo, si el negocio fracasa. Se sentiría muy mortificada.

A veces, Mandy siente que su vida es agotadora. Pasa tanto tiempo tratando de hacer felices a los demás que no le queda mucho tiempo para concentrarse en sus propios anhelos y sueños. Siendo honesta, ni siquiera está segura de saber lo que quiere.

Mandy es una persona complaciente con los demás.

EL ARQUETIPO DEL COMPLACIENTE

Naturalmente atraído por la aprobación de los demás, el arquetipo del complaciente lucha más que todo con el miedo a ser juzgado —lo que también se manifiesta como el miedo a decepcionar a los demás y al qué dirán—. En esencia, la mayor preocupación del complaciente se resume como el miedo a la reacción de quienes lo rodean.

Debido a que el complaciente tiene tanto miedo de ser juzgado o, peor aún, a que se burlen de él o ella o a ser ridiculizado(a) y debido a que es muy consciente y teme cómo reaccionará la gente o lo que esta pueda decir, a veces, duda en seguir adelante, se siente paralizado por la indecisión e incapaz de actuar. Y, sobre todo, le teme a la idea de hacer el ridículo.

Si bien es posible que no se vean a sí mismos como extroverti-
dos, quienes son complacientes suelen ser populares y bien acep-
tados por quienes los rodean. Debido a que son muy conscientes
de cómo podrían ser percibidos, tienden a elegir sus palabras con
cuidado e incluso, a veces, esconden sus verdaderos sentimientos
sobre otras personas en particular si estos parecen ir en contra del
consenso general.

Dicho esto, el complaciente suele ser gregario, divertido y atractivo, el alma de la fiesta, pues esa es una forma de obtener la aprobación y el aprecio de la gente. Además, le pone gran empeño en
su apariencia y se preocupa por mostrar su status, por ejemplo,
teniendo un buen auto, un hogar bien equipado y ropa de diseñadores.

El complaciente tiende a adquirir el hábito de ser el tipo de persona que le dice sí a todo, que siempre está de acuerdo y que incluso está dispuesto a cambiar sus propios puntos de vista con tal
de apoyar a otra persona. Le agrada llevarse bien con los demás y
es reacio a hacer cualquier cosa que pueda causar enojo, desilusión
o sentimientos heridos en los demás.

Las personas complacientes están demasiado interesadas en lo
que piensan otras personas, lo que las hace susceptibles a la presión de grupo. Tienen un profundo deseo de encajar y ser parte
de la multitud.

Si bien no necesariamente parecen mansos, los complacientes
tienen dificultades para decir que no y establecer límites saludables, porque tienen mucho miedo de decepcionar a quienes los rodean. Otros tienden a verlos como "donantes", como individuos
serviciales, amables y generosos con su tiempo y energía.

Si bien estas características son positivas en ellos, también pueden hacer que los complacientes se comprometan demasiado o
permitan que las prioridades y solicitudes de otras personas anu-

len sus propias metas y sueños, y esto genera en ellos sentimientos profundos de resentimiento o amargura que, a veces, saldrán a la superficie de maneras inesperadas.

Ser complaciente con los demás es el tercer arquetipo de miedo más común, pues el 21% de las personas muestra que este es su arquetipo dominante y para el 63% este arquetipo está entre sus tres primeros temores más influyentes.

ATRIBUTOS POSITIVOS

Por lo general, los complacientes se encuentran entre las personas más amables, reflexivas y generosas que existen. Son atentos y considerados y se desviven por ayudar. Tienden a ser populares y apreciados y, a menudo, son divertidos, amigables y atractivos.

Esto hace que ellos sean gente maravillosa para tenerla como amiga. Son grandes aliados y empleados fantásticos, pues son confiables, profesionales y bien hablados. Además, encajan en casi cualquier carrera, pero son especialmente buenos en roles de apoyo o profesiones que les permitan trabajar con la gente. Entre sus ocupaciones más comunes se encuentran la administración, la enfermería, la enseñanza, el trabajo social, el servicio al cliente y la venta minorista.

HÁBITOS Y COMPORTAMIENTOS

- Se preocupa demasiado por parecer tonto, estúpido o ingenuo
- Nunca quiere decepcionar a la gente
- Pasa una cantidad excesiva de tiempo preocupándose por lo que otras personas puedan pensar o decir
- Tiende a ser popular y agradable

- Está demasiado preocupado por su apariencia externa y por mostrar su status social; tiende a "vestirse para impresionar"

- Prefiere no ir en contra de la opinión popular, ni del consenso general; oculta o cambia sus opiniones personales con tal de encajar

- Siente miedo a perder amistades o a ser juzgado; evita cualquier cosa que pueda poner en riesgo una amistad

- Dice sí con demasiada frecuencia y, como resultado, se compromete demasiado

- Se preocupa profundamente por lo que otras personas piensan

- A menudo, es percibido como divertido, cálido, generoso y amable

- Tiene un profundo deseo de encajar y ser parte de la multitud

---

**En síntesis
El complaciente
con los demás...**

⊖ Define su autoestima basado en la aprobación de los demás

⊖ Tiene problemas para decir que no y lucha por establecer límites

⊖ Duda en actuar y teme lo que otros piensan

⊕ Por lo general, es muy querido y divertido

⊕ Es considerado, amable y generoso

⊕ Es un empleado responsable y un gran jugador de equipo

LA VOZ DEL COMPLACIENTE CON LOS DEMÁS

Estos son algunos de los pensamientos y creencias expresados por los encuestados que recibieron alta puntuación como complacientes durante la investigación realizada sobre el miedo:

- "Le tengo miedo al fracaso y a ser ridiculizado o a que se burlen de mí. Me preocupa perder a mis amigos".

- "Sé que no debería estarlo, pero tengo miedo de lo que otros piensen de mí y de lo que estoy haciendo. Me preocupa que no lo aprueben".

- "Tengo miedo de parecer estúpido, de hacer que la gente piense que estoy desperdiciando dinero y de decepcionar a mis seres queridos o hacerlos enojar de alguna manera".

- "Tengo miedo de sentirme abrumado y luego decepcionar a la gente. Me encanta tratar de aprender cosas nuevas, pero cuando alguien más depende de eso, me pongo nervioso. Ya antes, he decepcionado a la gente por falta de tiempo, falta de resistencia o falta de fuerza de voluntad y eso me hace desconfiar de mis límites. Esa es la razón por la que, a menudo, subestimo o rechazo las oportunidades que se me presentan".

- "Siempre estoy nervioso por lo que otros dirán y por cómo responderán".

- "Me inscribí en varios talleres sobre cómo tener una autoestima saludable y superar la debilidad emocional, y luego, los cancelé todos. Dejé que mi miedo a ser visto y juzgado como una persona no calificada me detuviera".

- "Tengo miedo de revelar mis falencias frente a otras personas o a parecer alguien poco genuino. Me preocupa sobresalir entre mis compañeros y ser peor en mi trabajo que los que son realmente 'profesionales'".

- "Me preocupa cometer errores y decepcionar a las personas. No quiero avergonzarme a mí mismo".

CÓMO TE RETRASA ESTE ARQUETIPO DE MIEDO

Siendo una persona complaciente enfrentas el peligro de permitir que los pensamientos, opiniones y necesidades de los demás te impidan perseguir tus propios sueños, pasiones y objetivos.

Las siguientes son algunas formas en que ser complaciente con los demás te retrasa y te afecta de maneras negativas:

- Tiendes a evitar tomar medidas radicales o a perseguir una meta, porque te preocupa y temes lo que otros piensen o digan al respecto.

- Sueles ser susceptible a la presión de grupo o a aceptar una idea o punto de vista popular por el simple hecho de que eso parece ser lo que todos los demás están haciendo y porque quieres encajar.

- Tienes dificultades para decirles no a las solicitudes de otros, lo que te deja comprometido en exceso y con poco tiempo para alcanzar tus propios objetivos y sueños.

- Permites que las personas se aprovechen de tu amabilidad y generosidad y que te pasen por encima.

- Tu miedo irracional a decepcionar a quienes te rodean hace que cedas ante las demandas de los demás en lugar de adoptar una posición firme o usar tu propio juicio.

- Sientes ansiedad y miedo cuando percibes que estás siendo juzgado o afrontas la posibilidad de ser juzgado de alguna manera.

- Estás más preocupado por ser amado y obtener la aprobación de los demás que por perseguir tus propios objetivos y sueños.

ESTRATEGIAS PARA SUPERAR ESTE TEMOR

A continuación, encontrarás algunas estrategias aptas para superar tu miedo a ser juzgado o a decepcionar a los demás.

Replantear

Una gran parte de tu miedo a ser juzgado o a decepcionar a la gente proviene del guion que se reproduce en tu interior —un guion que dice que la gente podría no amarte o aceptarte si no actúas de la manera que tú crees que ellos desean que lo hagas—. Si quieres liberarte de este miedo, debes comenzar por modificar esa voz interna. Busca algunas afirmaciones nuevas y motivantes para que te las repitas a ti mismo a diario y te ayuden a cambiar ese mensaje que se está reproduciendo una y otra vez en tu mente.

Si en el fondo crees que otros pueden juzgarte o no como tú lo haces por decir que no, entonces, tu nueva afirmación deberá ser algo así como: "Está bien tener mi propia opinión y que otras personas no estén de acuerdo conmigo. Estar en desacuerdo no significa que yo no les agrado". Del mismo modo, si temes que la gente se decepcione de ti, trata de repetirte algo como: "Las personas que me importan no están decepcionadas de mí cuando yo establezco límites. Solo es cuestión de hacer pequeños cambios en mis pensamientos".

Actuar en consecuencia

Para el complaciente, ¡lo más importante es practicar y aprender a decir la palabra no! Después de todo, si te niegas a decir que *no*, no pasará mucho tiempo hasta que llegues a un punto en el que no podrás darle el 100% a nadie, ni a nada. Peor aún, comenzarás a resentirte por las tareas que has asumido, así como por el resto de las cosas en tu vida que realmente *deberías* y *podrías* estar haciendo si aprendieras a decir que no. El exceso de compromiso es una espiral descendente que es mejor evitar diciendo que no. Por supuesto, para el complaciente ¡es más fácil decirlo que hacerlo! Pero como cualquier otra cosa en la vida, cuanto más lo practiques, mejor serás en ello. Entonces, haz lo que sea necesario para estar en control bien sea pedir tiempo para decidir, delegarle la tarea a otra persona o hacer que alguien diga no en tu nombre. Pero di que no. Una y otra y otra vez.

Al mismo tiempo, date permiso para practicar tu cuidado personal y para hacer tiempo para tus propios sueños, metas y prioridades. Aparta tiempo en tu agenda que sea solo para ti. Es posible que, al principio, tengas que comenzar de a poco y que a otras personas les tome algún tiempo adaptarse, pero verás que, cuando te ocupas de tus propias necesidades, también estás mejorando para servirles a los demás.

Siendo una persona complaciente, es probable que hayas estado poniendo las necesidades de otras personas antes que las tuyas durante bastante tiempo y que el hecho de haberte desentendido de tu cuidado personal te esté afectando, pero tal como sucede con las máscaras de aire en un avión, donde el protocolo es ponerte tu propia máscara antes de ayudar a otros, es igualmente importante cuidarte a ti mismo para después poder estar allí para los demás.

Hacer rendición de cuentas

Una de las mejores cosas que puedes hacer para superar cualquier tipo de miedo es encontrar un maestro o mentor que encarne las cualidades y habilidades que esperas desarrollar. Alguien que esté dispuesto a guiarte. Busca a un mentor cuyo arquetipo de miedo sea diferente al tuyo, por ejemplo, del grupo de los marginados, que te ayude a equilibrar tu tendencia a ser tan complaciente con la gente.

Idealmente, procura que se trate de alguien que esté dispuesto a empujarte más allá de tu zona de confort, alguien que también te ayude a practicar a decir no y a cuidarte. Al principio, te parecerá incómodo, pero en determinado momento, sobre todo, con la ayuda de alguien a quien admires y con quien sientas confianza, llegarás a tu meta.

SOBREPONERTE A TU NECESIDAD DE SER COMPLACIENTE

Mandy estaba, prácticamente, al borde de un ataque de nervios y, sin embargo, tenía miedo de que alguien se diera cuenta por temor a decepcionar a los demás. Ella sabía que tenía que hacer algo al respecto. A medida que intentaba cumplir con todos sus compromisos, se sentía exhausta teniendo tanto por hacer y sin dormir lo suficiente.

Entonces, un resfriado repentino la puso al límite de sus fuerzas. Incapaz de levantarse de la cama, decidió escuchar un podcast sobre autocuidado y cómo decir que no y, finalmente, reconoció que ya era hora de hacer algunos cambios.

Mandy comenzó por tener una relación sincera con su esposo, quien se alegró de saber que ella estaba decidida a dedicarse más tiempo a sí misma. Además, le dijo que la amaría sin importar si ella no siempre estaba de acuerdo con él en todo.

Para Mandy, eso fue enorme.

Luego comenzó a decir que no —cancelando con gentileza algunos compromisos a los que ya les había dicho que sí—. Se quedó estupefacta cuando todos con los que habló parecían entender y ni una sola persona estaba enojada. Fue así como se dio cuenta de que la presión que estaba ejerciendo sobre sí misma podría haber estado principalmente en su mente.

En el trabajo, dejó de tratar de arreglar todos los conflictos y, en cambio, comenzó a alentar a los miembros del equipo a resolver las cosas entre ellos. Además, decidió ser más estricta al establecer límites cuando se tratara de su horario.

Pero el mayor cambio para Mandy ha sido su cambio de mentalidad y el hecho de que ella decidiera darse permiso para que sus propias necesidades sean su prioridad. Todavía no ha reunido el coraje suficiente para abrir su propia cafetería, pero se está acercando cada vez más a hacerlo.

¡Hazlo... así sea con miedo!

¿Necesita más consejos para superar el miedo a ser juzgado, a decepcionar a las personas y a dejar atrás tu tendencia de poner las necesidades de otras personas por encima de las tuyas? ¡Asegúrate de leer los capítulos 8, 13 y 19

Capítulo 4

Los marginados
Cuando tu mayor miedo es el rechazo

"Soy bueno alejándome. El rechazo te enseña a rechazar".

Jeanette Winterson, autora de *Weight*

Vivian no es exactamente el tipo de persona que se podría describir como "temerosa".

De hecho, la mayoría de las veces, parece ser todo lo contrario —ella es una mujer bastante intrépida, que dicta sus propias reglas y vive la vida en sus propios términos—. Es franca, audaz y confía en sí misma. Marcha al ritmo de su propio tambor y no parece importarle lo que piensen los demás. Siempre está dispuesta a la aventura, le encanta viajar y casi no puede quedarse en un solo lugar.

Vivian trabaja en la industria tecnológica como contratista independiente —un trabajo que le da mucha libertad e independencia y le permite moverse mucho en medio de proyectos a corto plazo—. Así es como le gusta trabajar, pues cada vez que ha intentado trabajar para otra persona durante más de un año, no le ha ido tan bien.

Las empresas para las que ha trabajado siempre se han sentido impresionadas por su capacidad para vincularse a ellas y a hacer su trabajo incluso cuando, a veces, solía herir algunas susceptibilidades, pues Vivian nunca tiene miedo de hablar, ni de decir las cosas controvertidas que otros no se atreven a decir en voz alta, aunque, en ocasiones, su estilo de comunicación contundente la mete en problemas.

La verdad es que Vivian tiende a ser bastante escéptica con la mayoría de las personas y, si se siente presionada, admitirá que tiene ciertos problemas con respecto a brindar confianza. Es decir, aunque puede ser muy divertida, solo hay un puñado de personas en su vida a las que ella considera parte de su círculo íntimo—personas en las que ella confía lo suficiente como para considerarlas verdaderas amistades.

Aun así, siempre se siente lastimada cuando percibe que está siendo excluida o ignorada —cuando sus compañeros de trabajo salen a tomar algo después del trabajo o hacen planes para el fin de semana y no la invitan—. Ella finge que no le importa, pero la verdad es que sí.

Durante su etapa de crecimiento, Vivian era la chica del medio de tres hermanas y siempre se sintió como la oveja negra de su familia. Sus dos hermanas eran atléticas y populares, adoradas por todos incluidos sus padres. En cambio, Vivian siempre se sentía como si no perteneciera al grupo familiar. Estaba más interesada en actividades académicas como el club de teatro, las computadoras y el arte —actividades que el resto de su familia no entendía, ni apreciaba.

Y aunque hasta cierto punto ella sabía que su familia se interesaba por ella, nunca se sintió realmente amada o aceptada por su grupo familiar. Parecía que todos estaban demasiado ocupados yendo a todos los partidos de fútbol, voleibol y baloncesto como para molestarse en ir con ella a espectáculos de arte o a competencias de robótica. Vivian siempre trató de actuar como si no le importara, pero en el fondo, le dolía bastante.

En la escuela secundaria, comenzó a adquirir su reputación de oveja negra. Pensaba que, si la gente la considerara la rebelde de la familia, ella estaría a la altura de su reputación saltándose muchos límites y cuestionando muchas reglas, así que siempre parecía estar en problemas por una cosa u otra.

Después de la secundaria, decidió viajar durante un año antes de ir a la universidad, e incluso ahora, después de todos estos años, ella sabe que esa fue una de las mejores decisiones que ha tomado hasta el momento —por primera vez en su vida, no vivió a la sombra de sus hermanas.

Hoy en día, que ya todas son mayores y tienen sus propias familias, Vivian se lleva bien con ellas. Con un trabajo respetable y un ingreso impresionante, Vivian ya no es considerada una problemática, pero una gran parte de ella todavía siente que nunca encaja, motivo por el cual ella tiende a mantener a sus hermanas a distancia.

Vivian es una marginada.

ARQUETIPO DEL MARGINADO

El arquetipo del marginado, el individualista por excelencia, lucha más que todo con el miedo al rechazo o a confiar en otras personas —un miedo que, con frecuencia, se manifiesta al rechazar a los demás antes de que haya la posibilidad de que el rechazado sea él.

Irónicamente, para los observadores externos, las personas que se marginan, a menudo, parecen ser intrépidas, individuos a los que no les importa lo que piensen los demás y que no tienen miedo de forjarse su propio camino, ni de decir lo que piensan, ni de pensar fuera de lo común, ni de hacer las cosas de manera diferente a como las hacen los demás.

Sin embargo, internamente, los marginados suelen albergar la idea esencial de que no se puede contar con otras personas, ni confiar en ellas y tienden a tomar hasta el desaire más leve o un hasta luego como confirmación de esa creencia, lo que, a su vez, hace que ellos rechacen a los demás con mayor frecuencia que el común de la gente. Incluso en situaciones donde no es nada personal y en *realidad* no están siendo rechazados, los marginados tienden a asumir lo peor.

Debido a que se consideran indignos de amor y aceptación, los marginados, casi siempre, están desesperados por "probarse" a sí mismos frente al mundo, ya sea a través de logros notables, éxito financiero, estatus social o conductas extremas.

El marginado tiende a ser inconformista, alguien que rechaza las reglas y limitaciones con tal de hacer las cosas a su manera. Evita la convencionalidad y, en cambio, prefiere resolver las cosas por su cuenta. De nuevo, desde afuera, esto hace que él parezca valiente cuando, en realidad, esta actitud de "no me importa" es una forma de rechazar a los demás antes de que él sea el rechazado.

A veces, cuando lleva al extremo su conducta de marginado, su comportamiento puede resultar autodestructivo o criminal. Debido a que los marginados tienden a ver al mundo conspirando contra ellos, sienten muy poca obligación de "colorear por dentro de los bordes". Como resultado, también pueden ser egoístas y narcisistas, ven la vida solo desde su propio punto de vista y, muchas veces, se les dificulta mostrar empatía hacia los demás.

Los marginados tienen dificultades para trabajar en equipo, pedir la ayuda o asistencia de otros o colaborar en proyectos grupales. A veces, carecen de tacto y quieren hacer las cosas a su manera, sin la interferencia de otros. Prefieren trabajar de forma independiente. Los marginados tienden a tener creencias y opiniones fuertes y, por lo general, no tienen miedo de expresarlas; por el contrario, usarán declaraciones polarizantes o controversiales como una forma de alejar a los demás o de rechazarlos antes de que ellos sean los rechazados.

El marginado es el cuarto arquetipo de miedo más común y para el 15% de las personas este es su arquetipo superior mientras que para el 38% este arquetipo está entre sus tres más influyentes.

ATRIBUTOS POSITIVOS

Los marginados tienden a ser bien enfocados, automotivados y determinados a tener éxito (incluso si es solo para demostrar su valía) lo que significa que, a menudo, tienen mucho éxito. Su persistencia los mantiene activos incluso cuando muchas otras personas dejarían de persistir; también están dispuestos a correr más riesgos que la mayoría.

Si bien no siempre es un gran jugador de equipo, el marginado suele ser un líder sorprendentemente bueno, cuando no se descarrila por problemas de confianza o por sus opiniones polarizantes. Por lo general, no teme cometer errores y es bueno para aprovechar las oportunidades que se le presentan, así como para hacerse cargo de sus propiedades y para asumir responsabilidades.

Como es individualista, tiende a ser un buen pensador crítico y es capaz de formarse opiniones complejas. Tiende a sentirse atraído por campos profesionales que le permitan alcanzar logros y reconocimiento individual, así como pensar de manera innovadora. Prefiere liderar, no seguir, y hacer las cosas por su cuenta. Esto hace que se sienta atraído por carreras en campos como el emprendimiento, los negocios, la actuación, la dirección, la escritura, el arte o como contratista independiente.

**En síntesis
El marginado**

➖ Le teme al rechazo; a menudo, aleja a quienes lo rodean para evitar ser rechazado primero

➖ Aparenta ser valiente e imperturbable ante lo que otros piensen

➖ Lucha siendo parte de un equipo; puede autodestruirse

➕ Es automotivado y enfocado en tener éxito

➕ Es un líder muy efectivo

➕ Es persistente y está dispuesto a correr riesgos; no se desanima fácilmente ante el fracaso

HÁBITOS Y COMPORTAMIENTOS

- Cree que la gente siempre lo decepcionará

- Siente miedo de dejar que se le acerquen demasiado

- Suele tener solo unas pocas relaciones muy cercanas

- Prefiere "profundizar" en la conversación en lugar de hacer bromas

- Por lo general, no tiene miedo de decir lo que piensa; como resultado, hay ocasiones en que es visto como un imbécil o como una persona áspera

- Es frecuente que sienta que no encaja, ni pertenece

- Es sensible a cualquier rechazo percibido bien sea real o no; se ofende con facilidad y de manera excesiva o irracional cuando alguien le cancela algún plan o no lo incluye en él.

- A veces, carece de tacto o empatía

- Suele ser egoísta y narcisista; siempre quiere las cosas a su manera

- Tiene dificultades para brindar colaboración y hacer trabajo en equipo

- No tiene miedo de correr riesgos, probar cosas nuevas o pensar fuera de lo común

- No le gusta estar de acuerdo con la multitud

La voz del marginado

Estos son algunos de los pensamientos y creencias expresados por los encuestados que recibieron alta puntuación con respecto a sus características de marginados.

- "Me preocupa no ser lo suficientemente bueno para que mi negocio tenga éxito y que nadie compre mi trabajo de fotografía".

- "Odiaba tener que trabajar para otras personas y comencé mi propio negocio".

- "Fui a un lugar diferente para conocer otra gente. Al principio, me sentía bien, pero luego, comencé a sentirme muy inquieto, ansioso y preocupado de no estar cayendo bien, así que me salí de allí. Después, estaba recriminándome porque había planeado ir, me arreglé para ir y fui, pero mi miedo a que me rechazaran me ganó y me sacó de allí".

- "No quiero salir solo para que me cierren la puerta en la cara".

- "Siento que nunca seré aceptado o reconocido por lo que

he logrado".

- "Me aterroriza acercarme a otras personas. Puedo hacer nuevos amigos, pero debido a mi pasado, soy demasiado tímido para enfrentar mi miedo y dar el salto de fe de confiar en los demás".

- "He aprendido que no puedo confiar en nadie y que, si quiero hacer algo, tengo que hacerlo yo mismo".

- "Siento que, al final, las personas siempre te decepcionarán si cuentas demasiado con ellas".

- "Mi esposo murió hace un año. Hace poco, quise intentar hacer citas online, pero luego me acobardé. Solo tengo 40 años y no quiero estar sola para siempre, pero me aterra salir por miedo al rechazo. Me siento decepcionada de mí misma aunque no lo suficiente como para hacer algo al respecto".

- "No necesito ser parte de la multitud. Me gusta hacer lo mío".

CÓMO TE RETRASA ESTE ARQUETIPO DE MIEDO

Si bien los marginados parecen no tener miedo —diciendo lo que piensan, probando cosas nuevas, eligiendo ser independientes y atreviéndose a correr riesgos—, es frecuente que su miedo al rechazo los detenga de maneras que no siempre son evidentes de inmediato.

Estas son algunas de las formas en que marginarte te afecta negativamente y te retrasa:

- Albergas una idea bastante fuerte de que no se puede confiar en las personas, lo que te hace reacio a abrirte o a hacerte vulnerable. Esta actitud logra evitar que fomentes relaciones profundas y significativas e incluso que cultives conexiones comerciales útiles.

- Eres extremadamente sensible a cualquier rechazo que percibas, incluso cuando no estás siendo rechazado.

- Te sientes tan motivado para demostrar tu valía a través de logros que eres capaz de llegar a tener éxito incluso a expensas de otras personas y de tus relaciones.

- A menudo, tienes problemas para trabajar y colaborar con otros.

- Corres riesgos y tomas decisiones que son peligrosas, potencialmente insalubres o ilegales.

- Alejas a aquellos que intentan ayudarte.

- Experimentas ansiedad y miedo cuando sientes que te están excluyendo.

- A veces, te falta empatía o tacto. Esto tiende a ser percibido negativamente, lo cual aumenta tus sentimientos de ser rechazado.

- Puedes ser terco y egoísta y, con demasiada frecuencia, quieres que las cosas sean exactamente a tu manera.

- Eres introvertido o antisocial y no disfrutas de la compañía de la mayoría de la gente.

ESTRATEGIAS PARA SUPERAR ESTE TEMOR

Si eres un marginado, las siguientes son algunas estrategias aptas para superar tu miedo al rechazo.

Replantear

Al igual que con la mayoría de los otros arquetipos, gran parte de tus miedos proviene del guion que hay dentro de tu cabeza, en este caso, tu ideas con respecto a que no es posible confiar en las personas y que es mejor rechazarlas antes de que ellas te rechacen a ti.

Si quieres superar este miedo, debes replantearte esa manera de pensar, crear un nuevo guion y buscar diferentes afirmaciones para que las repitas a diario y te ayuden a cambiar ese mensaje que se está reproduciendo en tu mente.

Por ejemplo, si en el fondo crees que no se puede confiar en las personas, comienza a decirte cosas como: "El hecho de que algunas personas me hayan lastimado en el pasado no significa que no todas sean confiables. Hay muchas personas en mi vida en las que he podido confiar". Del mismo modo, si temes que la gente te rechace o te defraude, reescribe ese guion y di: "El hecho de que alguien me diga que no o que no esté de acuerdo con mi idea no significa que me esté rechazando como persona".

Actuar en consecuencia

Además de reescribir ese guion negativo que se está reproduciendo en tu mente, también deberás seguir algunos pasos para practicar la confianza y la colaboración con otros en situaciones de la vida real. Esto te ayudará a confirmar y validar tus nuevas creencias.

Comienza a buscar maneras de salir un poco más y ponerte en contacto con la gente, sobre todo, en situaciones de las que, por lo general, huyes. Por ejemplo, pide ayuda aunque sepas que podrías hacerlo tú mismo, únete a un grupo aun cuando tu instinto natural sea ir a algún sitio solo. Si tu problema de desconfianza es fuerte, piensa en la posibilidad de acudir a un consejero que te ayude a explorar y entender qué es lo que te está causando ese miedo.

Lo más importante es tratar de bajar la guardia con respecto a ese "rechazo" y que no asumas que estás siendo rechazado cada vez que alguien te dice que no a algo. ¡La mayoría de las veces, no te están rechazando!

Hacer rendición de cuentas

Como marginado, luchas para permitirte ser vulnerable. Entonces, es importante que trabajes activamente para abrirte, así solo sea frente a uno o dos socios confiables que estén dispuestos a ayudarte a hacer rendición de cuentas. Es muy probable que esta práctica te parezca 100% antinatural al principio. Aun así, buscar un compañero a quien rendirle cuentas y que quiera brindarte comentarios honestos es crucial para superar tu miedo. Él/ella te ayudará a detectar esos momentos en que tu "marginado interno" está levantando sus defensas y así te será más fácil superar tu miedo a ser rechazado.

Además, piensa en la posibilidad de abrirte frente a algún mentor y permitirle que te guíe. Siendo un marginado, es posible que te resulte particularmente difícil hacerlo, ya que no estás acostumbrado a buscar la ayuda de los demás, pero hacerlo te sacará fuera de tu zona de confort precisamente de la manera en que necesitas salirte. Al principio, quizá no te sentirás cómodo al trabajar con un mentor, pero llegará el momento, sobre todo, con la ayuda de alguien a quien admires y en quien confíes, en que experimentarás el beneficio de trabajar con alguien dispuesto a colaborarte.

SOBREPONERTE AL MIEDO AL RECHAZO

El primer indicio de que las ideas de Vivian sobre la forma en que su familia la percibía podrían estar un poco sesgadas surgió cuando ella cumplió 37 años. El día de su cumpleaños, sus hermanas y sus padres vinieron a su casa a celebrar y, después de unas copas de vino, Vivian hizo una broma acerca de que sus padres amaban más a sus hermanas, porque ella nunca había encajado en la familia.

La respuesta de su madre la sorprendió.

"Vivi, siempre te hemos amado y admiramos tu independencia", le dijo, "y queríamos apoyarte, pero siempre parecías excluirnos. Tuve que entrar a hurtadillas en tu habitación para encontrar el horario de tu clase de drama y luego meterme por la parte de atrás del auditorio para que no vieras que yo estaba mirándote, porque temía que no me quisieras allí".

Y luego sus hermanas intervinieron.

"Sí, Vi, siempre fuiste mucho más genial que el resto de nosotros. Pensábamos que nos odiabas".

De repente, todo lo que Vivian había creído sobre ella y su familia durante todos esos años fue visto bajo una nueva luz y ella se dio cuenta de que había llegado el momento de cambiar su paradigma.

Así las cosas, decidió contactar a una de sus amigas más cercanas para pedirle consejo y comenzó a ver cómo este patrón de alejar a las personas había estado presente toda su vida y cómo ella lo había alimentado debido a su miedo al rechazo.

Vivian estaba decidida a hacer algo al respecto, comenzando con su familia. Entonces, comenzó a programar "noches de hermanas" frecuentes, en las que las tres salían a cenar para conversar y reconectarse. Vivian no podía creer lo mucho que se divertían juntas, ni cuánto había estado extrañándolas todos esos años que las había mantenido a distancia.

También comenzó a trabajar un poco más fuerte para conectarse con sus compañeros de trabajo e incluso juntó el coraje necesario para preguntarles si podía unirse a ellos en sus frecuentes actividades fuera del trabajo. Se sorprendió cuando le dijeron que ellos asumían que ella los odiaba, por eso nunca la invitaban a compartir en grupo. Y a través de sus nuevas conexiones, se enteró de más oportunidades profesionales que, de otro modo, no habría conocido.

Poco a poco, Vivian comenzó a abandonar su creencia de que no se podía confiar en las personas y decidió permitirse ser más vulnerable y conectarse con los demás. De vez en cuando, todavía siente que le hieren sus sentimientos, pero en general, Vivian se siente más feliz y más aceptada que nunca.

¡Hazlo... así sea con miedo!

¿Necesitas más consejos para superar el miedo al rechazo y resistirte a tu tendencia a alejar a otras personas? ¡Asegúrate de leer los capítulos 11, 18 y 21!

Capítulo 5

El que duda de sí mismo

Cuando tu mayor miedo es no ser suficiente

"En el momento en que dudas que eres capaz de volar, dejas de hacerlo para siempre".

James Matthew Barrie autor de *Peter Pan*

Sandra siempre se ha preguntado cómo sería sentirse segura.

A veces, mira a sus tres hermanos, que parecen tener toda la confianza del mundo, y desea poder tener una pequeña gota de lo que sea que ellos obtuvieron. Tienen carreras gratificantes, viajan todo el tiempo y siempre viven la vida al máximo mientras que ella se siente se siente al margen.

Es difícil no guardar un poco de resentimiento.

No siempre ha sido así, al menos, no del todo. En la escuela secundaria, fue una gran deportista, la estrella del equipo de voleibol. Dirigió a su equipo a múltiples campeonatos estatales y fue elegida como la mejor jugadora.

Aun así, en el fondo, nunca sintió que fuera lo suficientemente buena. Vivía aterrorizada de que, en algún momento, la gente comenzara a notar que ella no era tan buena como todos pensaban que era. De hecho, la verdadera razón por la que practicaba tanto, casi sin parar, era porque siempre le preocupaba quedarse corta y no cumplir con las expectativas de los demás.

Le ofrecieron una beca completa para jugar voleibol en una escuela de la División I, pero la rechazó, optando por la universidad comunitaria, donde decidió no jugar, pues ya no soportaba la presión.

Sin embargo, después de todos estos años, ella todavía se pregunta *¿qué habría pasado si...?*

Después de la universidad, Sandra consiguió un trabajo como asistente ejecutiva del gerente general de ventas en una empresa *startup* local. Si bien fue un cargo desafiante al principio, y pasó el primer año casi siempre aterrorizada de que iba a equivocarse en algo y a ser despedida, llegó a amar lo que hacía. Siempre supo qué hacer y cómo manejar cada situación, y fue *muy* divertido para ella.

Sin embargo, se casó y, poco después, quedó embarazada. A petición de su esposo, ella renunció a ese trabajo que tanto amaba para convertirse en la típica madre que se queda en casa al cuidado de su hogar y sus tres hijos. Hoy, ellos ya son mayores y más independientes, y aunque ella los ama más que a la vida misma, una parte de su ser siempre se ha sentido un poco frustrada por haber tenido que abandonar su carrera.

Sandra ama a su esposo, pero a veces, se burla de la forma en que él se viste y se peina; también le reprocha que trabaja demasiado y que ha aumentado algunas libras en los últimos años. Él siente que ella es demasiado crítica y, cuando pelean, eso es lo que él le dice.

Sandra sabe que necesita dejar de hacer críticas, pero hay ocasiones en que no logra evitarlas. A veces, parece hervir por dentro, pero ella sabe que este sentimiento se relaciona con su infelicidad consigo misma que con cualquier otra persona. La realidad es que su esposo no es el único que ha aumentado algunos kilos. Ella sabe que ella también y, sin embargo, parece que no logra controlar su manera de alimentarse.

Sandra no tiene muchas amigas cercanas, ni conoce a otras mujeres que quieran tenerlas. Después de todo, ella no sabe cómo ser una persona abierta hacia los demás. No hace mucho, su esposo entabló amistad con un compañero del trabajo y su esposa Darcy también intentó hacerse amiga de Sandra. Si bien es cierto que los cuatro cenaron juntos una vez, después de esa cena, Sandra puso excusas cada vez que Darcy trató de acercársele.

La verdad era que Sandra estaba completamente intimidada por Darcy, ya que es una mujer hermosa, en excelente forma, dirige su propio negocio de entrenamiento personal, sabe cocinar como un chef gourmet y parece hacer amigos dondequiera que vaya. Ella es todo lo que Sandra quiere ser y no es.

Y así, en lugar de abrirse a ella, Sandra se volvió cada vez más crítica con respecto a Darcy, a menudo, haciéndole comentarios sarcásticos a su esposo sobre su forma de vestirse, de educar a sus hijos y sobre cualquier otra cosa que se le ocurra con respecto a Darcy. Sin embargo, cuando Darcy y su esposo decidieron mudarse, las dos parejas se encontraron por última vez en un restaurante y allí Sandra decidió bajar la guardia y disfrutó de una verdadera conversación, llena de sinceridad con Darcy. Solo entonces, Sandra se dio cuenta de que su inseguridad la había hecho perder la que hubiera sido una amistad maravillosa.

Sandra duda de sí misma.

EL ARQUETIPO QUE DUDA DE SÍ MISMO

Atormentado con mucha frecuencia por un profundo sentimiento de inseguridad, a veces oculto, con lo que más lucha quien duda de sí mismo es con el miedo a su incapacidad para casi todo, lo que a menudo se manifiesta como el miedo a no ser lo suficientemente bueno, ya sea que "bueno" signifique lo suficientemente inteligente, lo suficientemente talentoso, lo suficientemente educado, lo suficientemente atractivo, lo suficientemente fuerte, lo suficientemente bien hablado, lo suficientemente genial o cualquier otra cantidad de *suficientes.*

Debido a que quienes dudan de sí mismos con frecuencia están preocupados por ser individuos calificados o capaces, ellos suelen verse afectados por su inseguridad e incertidumbre hasta el punto en que no pueden o no quieren tomar ninguna medida al respecto. Con mucha frecuencia, este tipo de persona escucha una voz en su mente que le susurra cosas como "Tú no puedes hacer esto", "No eres capaz" o "¿Qué te hace pensar que puedes hacer algo como eso?". Esta voz hace que esa duda constante afecte su autoestima y ellos se sientan humillados.

Curiosamente, quienes dudan de sí mismos tienden a intentar esconderse o a compensar esta inseguridad siendo hipercríticos con los demás. Proyectan sus propios sentimientos de no ser dignos en quienes los rodean, en particular, en las personas más cercanas a ellos —en las que se animan a correr riesgos, a perseguir sus metas y sueños o a exponerse de alguna manera—. Como resultado, los que dudan de sí mismos suelen ser percibidos como sarcásticos y criticones.

También luchan con sentimientos de celos intensos hacia aquellos que están haciendo las cosas que ellos desearían poder hacer si no tuvieran tanto miedo, ni fueran tan inseguros en sí mismos.

Una vez más, estos celos tienden a manifestarse en forma de sarcasmo, chismes o críticas.

Esta propensión a los celos y a la crítica que, en última instancia, proviene del hecho de sentirse indignos, tiene un efecto adverso en las relaciones. Irónicamente, las personas cercanas a estos seres inseguros sienten que nunca logran estar a la altura de sus expectativas, lo que las hace alejarse de ellos. Esto, a su vez, refuerza la creencia del inseguro de que él o ella no son lo suficientemente buenos para nada.

Es un círculo vicioso.

Debido a que su duda en sí mismo alberga un profundo sentimiento de inseguridad, es muy frecuente que el inseguro tenga hambre de elogios y tranquilidad, a veces, de manera insaciable. Los inseguros claman por obtener validación y necesitan escuchar palabras de afirmación frecuentes para construir sus sentimientos de autoestima.

El sentimiento de duda en uno mismo es el quinto arquetipo de miedo más común y un 3% de las personas lo manifiesta como su arquetipo principal, mientras que para el 24% este arquetipo está entre sus tres primeros miedos más fuertes.

ATRIBUTOS POSITIVOS

El inseguro de sí mismo suele ser humilde, modesto y sin pretensiones. Por lo general, no es jactancioso, ni orgulloso, ni tiene un ego inflado. A menudo, es excepcionalmente bueno para el trabajo arduo, siempre está dispuesto a hacer un esfuerzo adicional aunque solo sea para compensar cualquier debilidad que él percibida en su interior.

La persona que duda de sí misma tiende a ser bastante sensible y, aunque a veces parece crítica, por lo general, es empática, amable y se preocupa bastante por cómo se sienten los demás. Casi siempre, el inseguro de sí mismo se siente atraído por trabajos que requieren de un conjunto claro de instrucciones y de altas expectativas o hacia carreras que permiten el dominio de una tarea muy específica.

**En síntesis
El inseguro de
sí mismo...**

- ⊖ Está plagado de inseguridad y sentimientos con respecto a no ser lo suficientemente bueno
- ⊖ A menudo, se paraliza por la duda, lo que lo hace sentirse atascado
- ⊖ Es crítico con los demás como una forma de enmascarar su inseguridad
- ⊕ Es muy trabajador y hará todo lo posible para hacer un buen trabajo
- ⊕ Es amable, empático y un buen oyente
- ⊕ Con frecuencia, es humilde y sin pretensiones

HÁBITOS Y COMPORTAMIENTOS

- Teme en gran manera no ser capaz y con frecuencia se siente indigno de todo

- Lucha con su diálogo interior negativo —una voz en su mente que lo hace cuestionarse su propia valía

- Con frecuencia, se siente descalificado y que "no es suficiente" —no es lo suficientemente inteligente, ni educado, ni atractivo, ni organizado, etc.

- Tiene tendencia a ser hipercrítico consigo mismo y con los demás

- Es percibido como negativo o sarcástico

- Lucha con sentimientos de celos, sobre todo, hacia aquellos que están haciendo cosas que a él le gustaría hacer

- Anhela tranquilidad y afirmación positiva

- Tiende a ser humilde y modesto; no lucha con un gran ego

- Tiene dificultades para establecer o mantener amistades

- Es excepcionalmente resistente para trabajar largas jornadas

- Llega a sentirse paralizado o atascado debido a su inseguridad

- Piensa: *"Oh, no sabría cómo volver a hacer eso cuando me pidan que lo haga de nuevo".*

- Siente que otras personas son más merecedoras de éxito que él

- Desea algo mejor, pero no se cree capaz de tomar las medidas necesarias para hacer cambios

LA VOZ DEL INSEGURO

Estos son algunos de los pensamientos y creencias expresados por los encuestados que recibieron un alto puntaje con respecto a su falta de seguridad en sí mismos:

- "No establezco metas, porque no tengo idea de lo que quiero, ya que he pasado toda mi vida aprendiendo a hacer lo que otros digan. Las palabras de mi madre y mi ex esposo retumban una y otra vez en mi cabeza y me dicen que no soy lo suficientemente buena en nada y que nunca lo seré".

- "Dejé que el miedo me impidiera ser líder en la iglesia. Escuché voces en mi cabeza decirme que no era lo suficientemente bueno, que no tenía suficiente tiempo, que no sabía lo suficiente como para enseñarles a otros acerca de Dios y que ellos no aprenderían a través de mi ejemplo. Me dediqué a pensar en todo eso y me autocritiqué en extremo. Me retiré de la iglesia y luego tuve que lidiar con la culpa de haber decepcionado a la gente".

- "Me temo que voy a fallar, porque siempre lo hago. Avanzo hasta que las cosas se ponen demasiado difíciles y renuncio. Entonces, ¿para qué intentarlo otra vez?".

- "Detesto hablar en público o la atención pública de cualquier tipo. Hay momentos en que me han pedido que diga algo en público, pero me siento descalificado e inadecuado. Y luego, después de decidir no salir de mi zona de confort, me siento avergonzado y decepcionado de mí mismo".

- "Estoy tan seguro de que voy a fallar que ni siquiera me molesto en intentarlo. Además, estoy seguro de que otras personas se preguntarán por qué lo intenté si era obvio que yo no tendría éxito".

- "Tengo miedo de darme cuenta de que no soy capaz de hacer lo que realmente quiero y de que nadie me tome en serio, ni le interese todo lo que tengo para ofrecer".

- "Sé que tengo un deportista dentro de mí, pero parece que no puedo actuar en consecuencia y esto me frustra y me pone muy triste. Me encantaría animarme y hacerlo, pero no sé cómo derribar ese muro de miedo tan insuperable para mí".

- "Todos en mi familia son muy inteligentes y me siento como el tonto que siempre comete errores y nunca aprende de ellos".

- "Siento tanto miedo de parecer tonto o incompetente y siempre pienso que no merezco el éxito o la posición que tengo y que, en algún momento, quedaré al descubierto y seré expuesto como un impostor".

- "Durante varios años, tuve miedo de dejar un trabajo que me estaba agotando. Y como no me sentía exitoso en mi trabajo, no pensaba que fuera capaz de nada más. En lugar de ver ese trabajo como algo en lo que yo no encajaba bien, pensaba que algo andaba mal en mí. Esa idea me mantuvo atrapado durante mucho, mucho tiempo".

CÓMO TE RETRASA ESTE ARQUETIPO DE MIEDO

Siendo una persona que duda de sí misma, luchas con una pequeña voz interior que te hace dudar de tus propias habilidades al decirte que no eres lo suficientemente bueno en nada.

Las siguientes son algunas formas en que dudar de ti mismo te afecta negativamente y te retiene:

- Evitas correr riesgos o probar cosas nuevas, porque te preocupa no contar con lo que se necesita para tener éxito en el intento.

- Con frecuencia, cuestionas tus propias decisiones o cambias de opinión por miedo a no poder lograr lo que te propones.

- En lugar de sentirte feliz por los demás, te sientes deprimido o celoso cuando ves que otras personas tienen éxito, en especial, cuando tienen éxito haciendo algo que te gustaría hacer, pero no te has atrevido a intentarlo.

- Saboteas tus relaciones volviéndote hipercrítico con las personas más cercanas a ti, haciéndoles sentir que nunca llegarán a cumplir con tus expectativas.

- Eres susceptible a la presión de grupo o a aceptar una idea popular, pues no te sientes digno o capaz de expresar lo contrario.

- Tienes dificultades para darte crédito a ti mismo o darles crédito a los demás y te resulta muy difícil darte la libertad de probar cosas nuevas y cometer errores.

- Experimentas ansiedad y miedo cuando te ves forzado a una situación en la que necesitas arriesgarte o salirte de tu zona de confort y cuando no crees que posees las habilidades necesarias.

- Dejas que tus propias creencias limitantes sobre tus habilidades te dicten lo que eres o no capaz de hacer.

ESTRATEGIAS PARA SUPERAR ESTE TEMOR

A continuación, hay algunas estrategias aptas para superar tu miedo a no ser lo suficientemente bueno en nada.

Replantear

Siendo tan inseguro, tiendes a sentirte mal contigo mismo cuando algo no te sale bien o cuando cometes un error o experimentas un fracaso. Sin embargo, es importante recordar que los errores y el fracaso son solo una parte normal de la vida. Además, a menudo, son nuestros errores los que nos enseñan todo lo bueno que necesitamos saber para seguir avanzando.

¿Eso significa que es divertido cometer errores o hacer que las cosas salgan mal? No, por supuesto que no y, obviamente, el objetivo es que las cosas salgan bien, pero no permitas que el miedo al fracaso te impida intentar o probar cosas nuevas, porque los errores y las fallas son tipos diferentes de victoria.

Cuando eliges conscientemente dejar de preocuparte por todas las formas en que podrías equivocarte y enfocarte solo en lo que aprenderás de la experiencia, adquieres el poder de intentarlo sea cual sea el resultado. Te quitas de encima toda la presión de tener que hacer las cosas perfectamente bien desde la primera vez y, en cambio, te permites disfrutar a plenitud la experiencia.

Actúa en consecuencia

La acción es el antídoto contra el miedo y, para quien duda de sí mismo, la única forma de superar de una vez por todas sus inseguridades y temores de no ser capaz de lograr sus metas, lo mejor es comenzar a demostrar que sí es capaz.

La buena noticia es que al tomar pequeños riesgos y dar pequeños pasos fuera de tu zona de confort, llegará el momento en que lograrás reunir el coraje necesario para tomar mayores riesgos y dar pasos más grandes fuera de tu zona de confort. Nada genera confianza más rápido que el simple hecho de actuar y ¡hacer las cosas… así sea con miedo! De modo que sigue practicando y haz a diario, por lo menos, algo a lo que le temas.

Hacer rendición de cuentas

En tu caso, que dudas de ti mismo, esa pequeña voz dentro de tu cabeza que te dice que no eres capaz puede volverse tan fuerte que terminará por ahogar cualquier opinión contraria a esa. Cuando eso te sucede, es fácil perderte en tu propio mundo de inseguridad e insuficiencia, incluso cuando esos pensamientos podrían no estar basados en la realidad. Si estás luchando para combatir esos pensamientos y sentimientos autodestructivos de no ser lo suficientemente bueno en nada, pide refuerzos y trata de obtener una perspectiva externa de un amigo, mentor, consejero o entrenador de confianza.

Por supuesto, esto significará volverte vulnerable y, para el que duda en sí mismo, esta puede ser la parte más difícil de todas. Aun así, escuchar a otra persona decirte que tus pensamientos quizá no son precisos marcará una gran diferencia. Y lo que es más importante, un entrenador o mentor experto te mostrará cómo tomar medidas para superar tus miedos e inseguridades.

Sobreponerte al miedo a la inseguridad

Fue el profundo arrepentimiento de Sandra con respecto a su experiencia con Darcy lo que finalmente la convenció de que necesitaba encontrar una manera de superar su paralizante inseguridad en sí misma antes de que esta la destruyera. Sandra comenzó leyendo algunos libros de autoayuda y escuchando podcasts motivacionales, y aunque fueron útiles y algo inspiradores, también se dio cuenta de que podría necesitar ayuda para superar la inseguridad que había estado surgiendo dentro de ella durante tanto tiempo.

Como no se sentía cómoda hablando con alguien que la conociera personalmente, hizo una cita con un entrenador de vida que encontró en línea. Su entrenador la animó a comenzar siendo más intencional en cuanto a la práctica del autocuidado y a hacer algunas cosas que fueran solo para ella, como obtener una membresía en el gimnasio, entrenar con un entrenador personal y unirse a una liga de voleibol recreativo.

Sandra se sorprendió de lo divertida que volvió a sentirse al jugar al voleibol, sobre todo, ahora que ya no sentía la presión de ser la mejor de la clase. A medida que fue volviéndose más activa y se puso en mejor forma, también comenzó a sentirse más segura de su apariencia, lo que a su vez, la hacía sentirse mucho más feliz.

Aquella fue una diferencia que la gente notó casi de inmediato, sobre todo, su esposo y sus hijos.

Su entrenador de vida también la animó a salirse de su zona de confort y a evaluar la posibilidad de volver a trabajar. Le tomó casi seis meses reunir el coraje necesario para comenzar a postularse, pero al fin, Sandra encontró un excelente trabajo como administradora a tiempo parcial que era desafiante para ella y a la vez flexible.

Sin embargo, lo que más la emocionó fueron sus nuevas amistades. En lugar de sentirse celosa e indigna de otras personas, comenzó a reconocer sus buenas cualidades y se dio cuenta de que podía apreciar los dones de los demás sin sentirse inadecuada consigo misma.

Aquel fue un gran cambio. ¡Uno que marcó la diferencia en su vida!

¡Hazlo... así sea con miedo!

¿Necesitas más consejos para superar el miedo a no ser capaz y para combatir tu inseguridad y tus sentimientos de insuficiencia? ¡Asegúrate de leer los capítulos 10, 12, 14 y 19!

Capítulo 6

El experto en sacar excusas

Cuando tu mayor miedo
es asumir tu responsabilidad

"Es más fácil pasar del fracaso
al éxito que de las excusas al éxito".

John C. Maxwell,
autor de *Success 101*

Caroline es una de esas personas que causa una magnífica primera impresión.

Inteligente, segura y articulada, es alguien a quien la gente realmente escucha y admira. No está de más que ella viva bastante bien informada —es evidente que es una gran lectora y, a menudo, está en capacidad de explicar la teoría o la filosofía que yace detrás de cualquier cantidad de líderes de opinión en su campo.

De hecho, es tan buena para explicar las ideas de otras personas que nadie se da cuenta de que Caroline tiene muy buen cuidado de no compartir sus propios pensamientos y opiniones, ni de decir algo que luego pueda ser usado en su contra.

Caroline ha aprendido que es más seguro esconderse detrás de las ideas de otras personas que compartir las suyas propias y arriesgarse a que la culpen si estas no funcionan. Ella *odia* morder el anzuelo.

A medida que iba creciendo, sus padres tenían expectativas extremadamente altas sobre ella y la presionaban demasiado para que sacara las calificaciones más altas posibles y sobresaliera al máximo en la música y los deportes.

Dicho esto, también sacaban muchas excusas cada vez que ella no cumplía con esas expectativas. Más de una vez, llamaron a sus maestros para que le cambiaran su calificación si su desempeño en un examen o informe era bajo, incluso si la razón por la que obtuvo una nota baja era porque ella no había estudiado. Insistieron en que la razón por la cual su hija no formó parte de la orquesta del condado fue porque ellos no pudieron permitirse el lujo de que ella tomara clases privadas con la directora, pero no porque a Caroline no le hubiera ido bien en su audición.

Caroline aprendió que, mientras tuviera algún tipo de justificación de por qué se quedó corta en alguna meta, sus padres no se sentirían decepcionados de ella.

En la universidad, Caroline aprendió desde el principio que la clave para obtener buenas calificaciones en cualquier curso era saber cómo reflejar los pensamientos y opiniones del profesor que los enseñara. Se volvió muy buena para saber cómo repetir en sus exámenes las palabras y frases exactas que sus maestros usaban durante sus conferencias. Como resultado, siempre fue una chica apreciada y, la mayoría de las veces, obtuvo las mejores calificaciones.

Sin embargo, de vez en cuando, algún profesor captaba esta estrategia y la empujaba a articular sus propias ideas. Era entonces cuando Caroline luchaba, a veces, hasta llegar al punto en que prefería abandonar la clase para evitar sentirse paralizada.

Después de graduarse, Caroline fue contratada como gerente de proyectos en la oficina corporativa de una gran empresa manufacturera. Adepta a saber decir siempre lo correcto, pronto se hizo a un buen nombre dentro de su departamento y fue promovida una y otra vez durante los siguientes años y, por último, fue nombrada vicepresidenta de operaciones.

Fue en ese cargo, en la parte superior de su departamento, que Caroline comenzó a luchar. Hasta ese momento, siempre le habían pedido que influyera en las decisiones, pero casi siempre, era alguien más quien daba la última palabra. Ella nunca tuvo que preocuparse de que le llamaran la atención, ni de que la culparan por tomar una mala decisión.

Caroline *odiaba* ser la persona al frente.

De hecho, fue por eso que decidió alejarse de su trabajo corporativo para convertirse en consultora. Se dio cuenta de que le gustaba dar consejos y disfrutaba identificando opciones y presentándoles a otros una serie de puntos de vista y pensamientos para tener en cuenta sin tener que ser ella la encargada de tomar la decisión final. Le gustaba estar al tanto de lo que sucedía en la industria, pero nunca quiso ser la persona encargada de ir al frente del equipo.

Esta tendencia también se manifiesta en su vida personal. En su matrimonio y sus amistades, ella nunca quiere ser quien tome la decisión final bien sea qué casa comprar o qué película ver. Y cuando ella y su esposo pelean, la queja más frecuente de él es que ella siempre parece tener una excusa para todo.

Caroline es una experta en sacar excusas.

EL ARQUETIPO DEL EXPERTO EN EXCUSAS

También conocido como el experto en no asumir sus errores, con lo que más lucha el arquetipo del experto en excusas es con el miedo a asumir su responsabilidad, que también se manifiesta como el miedo a ser responsabilizado o el miedo a ser hallado culpable.

Debido a que el experto en excusas se siente aterrorizado de que el dedo de la culpa señale en su dirección, con frecuencia busca una excusa, alguien o algo a quien culpar de por qué él o ella no logran hacer algo o de por qué sus circunstancias son las que son.

A menudo, estas razones y racionalizaciones parecen ser 100% válidas, hecho que, a veces, tiende a dificultar la posibilidad de precisar que lo que el fabricante de excusas está haciendo es echándoles a otros la culpa y evitando afrontar su responsabilidad.

Este tipo de persona es extremadamente experto en desviar el enfoque y la atención de sí mismo y de su propia culpabilidad dirigiéndolos hacia otras personas o circunstancias. Es un racionalizador magistral, siempre parece tener una razón o explicación de por qué no pudo lograr algo.

El experto en excusas se siente incómodo en un cargo de liderazgo y tiende a ponerse nervioso ante la idea de tener que estar a cargo, tomar riesgos o ponerse en la línea de fuego. Más bien, prefiere que la responsabilidad recaiga en los demás. Cuando se trata de hacer cambios en su vida o perseguir objetivos, el experto en excusas, casi siempre, aunque no todas las veces, prefiere seguir el ejemplo o la orientación de otra persona, alguien como un mentor, entrenador o maestro. Le presta mucha atención a lo que ha funcionado para los demás y trata de hacer lo mismo.

Además, tiende a sentirse incómodo cuando es puesto en evidencia o se le pide que comparta su opinión o sus pensamientos por temor a que lo tengan en cuenta o lo culpen por un resultado desfavorable. De hecho, a menudo, esperará para compartir sus opiniones hasta que otros hayan compartido sus puntos de vista y, por lo general, estará de acuerdo con las opiniones de otra persona en lugar de defender su propia postura.

Irónicamente, la naturaleza misma del arquetipo del experto en excusas (su tendencia a evitar asumir la responsabilidad o a sacar excusas) lo convierte en uno de los arquetipos más difíciles de poseer y aceptar, porque la tendencia por defecto de este arquetipo es inventar excusas que desvíen la culpabilidad.

Por esa razón, es importante recordar que este arquetipo no es *mejor, ni peor* que los otros arquetipos de miedo. La realidad es que ninguno de los arquetipos es positivo; en cambio, todos nos detienen de alguna manera. Y lo que es más, todos tenemos, por lo menos, un poquito de cada uno de los arquetipos trabajando en nuestro interior.

El fabricante de excusas es el sexto arquetipo de miedo más común. El 3% de las personas lo muestra como su arquetipo principal y para el 20% este está entre sus tres arquetipos de mayor influencia.

ATRIBUTOS POSITIVOS

Los expertos en excusas suelen ser excelentes jugadores de equipo y, muy a menudo, son excelentes para colaborar y trabajar con otros. Como son magníficos aprendices y estudiantes de la vida, son expertos en asimilar lecciones de los éxitos y errores de los demás. También saben cómo tomar una buena dirección y, cuando se combinan con el mentor o maestro adecuado, logran cosas notables.

Los fabricantes de excusas son buenos animadores y, con frecuencia, son muy solidarios con los demás. Tienen la habilidad para hacer que otras personas se sientan y crean que son capaces de hacer grandes cosas. También tienden a ser observadores entusiastas y con muy buena visión de las cosas, incluso si a veces son reacios a dar una opinión firme. Además, son más felices y se sienten más cómodos en roles de apoyo sólidos en lugar de roles de liderazgo directo. Prosperan en posiciones que les permitan contar con el juicio y la opinión de alguien que esté por encima de ellos.

En síntesis
El experto
en excusas...

- ⊖ Teme cuando se trata de asumir responsabilidad o ser hallado culpable
- ⊖ Hace excusas en lugar de progresos
- ⊖ Duda en dirigir o hacerse cargo y prefiere que otros tomen decisiones
- ⊕ Es un buen jugador de equipo
- ⊕ Es un observador experto que aprende de los errores de otros
- ⊕ Es un gran animador de los demás

HÁBITOS Y COMPORTAMIENTOS

- Se siente incómodo ante la idea de asumir la culpa o responsabilidad de un error.

- Cree que sus propios reveses y fracasos son el resultado de circunstancias fuera de su control o de que otros no están haciendo su parte.

- Generalmente, tiene una excusa o una explicación cada vez que algo sale mal; esta excusa o explicación a menudo parece 100% válida y racional, y por lo tanto, no parece una excusa.

- Es reacio a compartir su propia opinión por temor a sentirse inmovilizado o sujeto a esa opinión.

- Se siente frenado por la falta de orientación, apoyo o liderazgo bien sea en el presente o en el pasado (es decir, debido a malos padres, a un mal maestro, a un mal jefe, etc).

- Les atribuye sus luchas actuales a cosas que sucedieron hace mucho tiempo o en su infancia.

- Necesita que un maestro o guía le muestre el camino.

- Lucha para tomar decisiones en un entorno grupal o en nombre de otras personas.

- Prefiere trabajar y colaborar con otros que hacerlo solo.

LA VOZ DEL EXPERTO EN EXCUSAS

Estos son algunos de los pensamientos y creencias expresados por los encuestados que recibieron una alta puntuación en cuanto a ser expertos en sacar excusas:

- "El dinero está muy escaso en este momento y esto me impide seguir adelante con lo que quiero lograr".

- "Estoy nervioso de que, si algo sale mal, todos se enojarán conmigo y me culparán".

- "Siempre he soñado con tener mi propio pequeño negocio de panadería, pero no tengo cómo hacerlo desde el punto de vista financiero. Los préstamos estudiantiles son una gran parte de mis deudas y no hay forma en que yo pueda ver que este sueño se haga realidad".

- "Con frecuencia, me siento abrumado por lo mucho que tengo que aprender y por el poco tiempo que me queda para trabajar y pagar mis deudas. Necesito ganar dinero de inmediato, no dentro de seis meses".

- "No quiero ser el responsable de todos los demás".

- "En realidad, no tengo el tiempo, ni los recursos para hacer esto bien, así que no creo que deba hacerlo en absoluto".

- "Mi sueño más grande en la vida es ser entrenador de caballos, pero con mi poca experiencia ecuestre a la edad de 22 años, siento que ya soy demasiado viejo para comenzar mi carrera en este campo. Parece que todos los entrenadores exitosos con los caballos comenzaron desde antes que pudieran caminar. Toda esta perspectiva es muy desalentadora para mí y me parece imposible de alcanzar".

- "Me gustaría comenzar mi propio negocio, pero parece que alguien o algo siempre me detiene. No tengo tiempo. No tengo dinero. No hay nadie que me muestre qué hacer".

- "Quiero escribir un libro. Siempre quise ser escritor y, sin embargo, nunca escribo. Siempre tengo una excusa. Sé que es porque tengo miedo, pero no sé cómo superarlo".

- "Tengo miedo de tener que hacerlo solo y de no tener una estructura de apoyo, ni a nadie en quien apoyarme".

CÓMO TE RETRASA ESTE ARQUETIPO DE MIEDO

El mayor peligro al que se enfrenta el arquetipo del experto en excusas es a su falta de voluntad para tomar posesión plena de su vida y de todo lo que le sucede. Esta tendencia predeterminada de evitar ser culpado o responsabilizado y de sacar excusas es una forma de renunciar al control de su propio destino. Porque al final, hasta una buena excusa sigue siendo solo una excusa.

Estas son algunas maneras en que ser un experto en excusas te afecta negativamente y te retrasa:

- Tiendes a tener dificultades para tomar la decisión final o dar una conclusión si no es una decisión o conclusión a la cual otra persona haya llegado primero.

- Te resulta difícil expresar tus propios pensamientos y tus opiniones por temor a ser responsable de ellos más adelante.

- Te parece incómodo tomar la iniciativa si eso significa que exista la posibilidad de ser tomado como responsable o culpable si algo sale mal.

- Eres experto en encontrar buenas excusas o racionalizaciones de por qué no deberías intentar algo o por qué no pudiste lograr algo, aunque al final, esas excusas no te sirvan.

- Tu tendencia a poner excusas o a evadir la responsabilidad resulta frustrante para los demás cuando se hace evidente que no estás dispuesto a asumir tus errores. Esta tendencia afecta negativamente tus relaciones interpersonales.

- Experimentas ansiedad, enojo o miedo cuando sientes que te están inmovilizando, culpando o pidiendo que asumas la responsabilidad de una decisión y podrías reaccionar arremetiendo contra quienes te rodean.

- Sueles tener dificultades para asumir riesgos.

- Eres propenso a atribuirles luchas o retrocesos actuales a cosas que sucedieron en el pasado, como una infancia difícil o la falta de apoyo o de un mentor de calidad. Esta manera de pensar te impide asumir toda tu responsabilidad en el presente.

ESTRATEGIAS PARA SUPERAR ESTE TEMOR

A continuación, encontrarás algunas estrategias aptas para ayudarte a superar tu miedo a asumir la responsabilidad.

Replantear

Gran parte de tu miedo proviene del guion que ha estado reproduciéndose en tu mente —el mensaje que te dice que tú no quieres asumir culpas—. Por lo tanto, replantear la forma en que piensas tomar posesión y responsabilidad te ayudará a avanzar.

Si en el fondo crees que las excusas evitarán que te culpen, lo más aconsejable será que intentes decirte a ti mismo: "A nadie le gusta escuchar excusas. Es mucho más probable que los demás respeten mi trabajo cuando yo asuma mi responsabilidad". Del mismo modo, si estás luchando con circunstancias que están fuera de tu control, trata de decirte a ti mismo: "Puede que no tenga control sobre todo, pero sí puedo asumir la responsabilidad de las decisiones que tomo".

Actuar en consecuencia

Como experto en excusas, descubrirás que lo más poderoso que harás en tu vida será adoptar una mentalidad sin excusas. Cada vez que tomas la decisión de aceptar la responsabilidad de cada elección y decisión que tomas, ese es un acto de coraje. Una mentalidad sin excusas significa ponerles fin a todas tus justificaciones y negarte a culpar a alguien que te hirió por las circunstancias en las que te encuentras o por las cosas terribles que te sucedieron.

Los sicólogos se refieren a este concepto como un cambio del lugar de control. Este ocurre cuando las personas deciden que son ellas quienes tienen el control *interno* sobre su vida y no que esta depende de fuerzas externas que van más allá de su control. No es sorprendente que quienes ejercen un control interno se sientan mucho más motivados y sean más productivos y exitosos. Esto significa que, con frecuencia, estar más motivado es solo una cuestión de asumir la responsabilidad de nuestras elecciones.

Si bien puede parecer aterrador al principio, adoptar una mentalidad sin excusas y asumir la responsabilidad completa de tu vida y tus circunstancias es increíblemente liberador. Cuando tomas posesión, no tienes que preocuparte por lo que te suceda, ni por cómo otras personas te tratan, ni qué obstáculos encontrarás, porque, al fin de cuentas, tú tienes el control.

HACER RENDICIÓN DE CUENTAS

Nunca es fácil tener a alguien más que te haga caer en cuenta de tu tendencia a sacar excusas, pero es casi seguro que no hay mejor manera de superar este miedo en particular que disponiéndote a tomar la responsabilidad de tus actos. Busca un compañero de rendición de cuentas que te trate de igual a igual o que sea un maestro o mentor que encarne las cualidades y habilidades que tú esperas desarrollar.

Tu socio o mentor de rendición de cuentas podrá decirte la verdad y hacerte saber cuándo estás sacando excusas y dejando que tu miedo a ser culpado o a asumir alguna responsabilidad te detenga. Lo ideal es que procures encontrar a alguien que no tenga miedo de confrontarte y que te ayude a practicar la apropiación y la responsabilidad de tu vida y tus decisiones, un pequeño paso a la vez. Al principio, no te parecerá agradable, pero llegará el momento en que lograrás tu cometido, sobre todo, con la ayuda de alguien a quien admires y en quien confíes.

SOBREPONERTE A TU MIEDO A TOMAR LA RESPONSABILIDAD DE TUS ACTOS Y PALABRAS

Una vez que Caroline comenzó a notar cómo su patrón de excusas, junto con el hecho de nunca querer asumir la responsabilidad, afectaba su vida y sus relaciones, supo que tenía que hacer algo al respecto.

Entonces, contrató a un entrenador de negocios para obtener más orientación y hacer rendición de cuentas. Poco a poco, su entrenador la ayudó a identificar algunas de las formas en que ella había estado evitando responsabilidades o poniendo excusas en su vida y en su negocio de consultoría. Al principio, fue difícil para Caroline aceptar esa retroalimentación y tomar más posesión de sus decisiones, pero a medida que practicaba tener una mentalidad sin excusas, primero, con pequeñas decisiones, y luego, con las más grandes, comenzó a tener un nuevo sentido de libertad y empoderamiento.

Su primer gran avance se produjo cuando ella estaba trabajando con uno de sus clientes de consultoría. Acababa de presentar varios cursos de acción que la empresa podría tomar, cuando el CEO se volvió hacia ella y le preguntó: "¿Qué crees que deberíamos hacer?".

Normalmente, Caroline habría evitado responder la pregunta reiterando las opciones y explicando que estaba allí solo para servir de consultora. Pero esta vez, Caroline miró al CEO directo a los ojos y le dijo: "Si fuera mi empresa, elegiría la opción A, pues eso es lo que creo que deberías hacer".

El CEO estuvo de acuerdo, le agradeció su consejo y le respondió: "¡Y yo que pensé que ibas a ser uno de esos consultores que nunca dan su opinión!".

Con el tiempo, Caroline se dio cuenta de que sus clientes preferían que ella les diera opiniones reales, aunque a veces fueran erróneas, que consejos descabellados que no les ayuden a tomar una decisión. Por su parte, ella comprendió que sus clientes respetaban su disposición a opinar y que, rara vez, se ponían en su contra cuando ella se equivocaba, siempre y cuando estuviera dispuesta a asumir el error.

Poco a poco, tomar posesión se hizo más y más fácil para Caroline.

En casa, su esposo también comenzó a notar el cambio y casi se cayó de su silla el día que Caroline le dijo: "¿Sabes qué? ¡Tienes razón! No debería haber hecho eso. Lo siento. Fue 100% mi culpa".

Hoy en día, Caroline mantiene un letrero sobre su escritorio que dice "Sin excusas", un recordatorio continuo para asumir la responsabilidad total de las decisiones que ella toma. Ahora, ve cuán atrapada estuvo por su miedo a ser culpada y nunca quiere volver allá.

**¡Hazlo...
así sea con
miedo!**

¿Necesita más consejos para superar el miedo a asumir la responsabilidad y a tu necesidad de sacar excusas? ¡Asegúrate de leer los capítulos 10, 11 y 20!

Capítulo 7

El pesimista
Cuando tu mayor miedo
es la adversidad

"Tú solo eres una víctima en la medida
en que tus percepciones lo permitan".

Shannon L. Alder

En el fondo, Janice siente que la situación se ha ido volviendo en su contra. Y aunque no quisiera admitirlo ante nadie, en este punto, con mucha frecuencia piensa que ella solo está tratando de sobrevivir procurando no ser derribada una vez más.

Al crecer, su vida familiar fue bastante disfuncional y recuerda con total claridad que rezaba y deseaba que su familia fuera lo más normal posible. Todos sus amigos parecían tener padres perfectos y vidas perfectas. En cambio, su padre bebía demasiado y su madre siempre estaba agotada. Si bien no eran del todo pobres, sus padres parecían vivir estresados por el dinero y peleaban a toda hora.

Con el tiempo, cuando Janice estaba en séptimo grado, sus padres se divorciaron. Janice se sentía tan avergonzada que nunca se lo contó a nadie y evitó invitar amigos a su casa para que nadie descubriera su secreto.

Después, comenzó sus estudios en la universidad y le fue bien hasta su segundo año, cuando sus fuerzas se desplomaron. Durante meses, casi no tenía energía y apenas sí lograba llegar a clase. Sus calificaciones comenzaron a bajar y terminó perdiendo su beca. Sin ella, sus estudios universitarios eran demasiado costosos para continuar pagándolos de su bolsillo y fue entonces cuando se vio obligada a abandonarlos.

Después de dejar la universidad, se fue a trabajar de tiempo completo como recepcionista en una oficina. Pensó que tendría la oportunidad de ascender en la escala corporativa, pero después de dos ascensos laborales, dado que era evidente que no le caía bien a su jefe, decidió buscar otras opciones. Se inscribió en clases nocturnas en una escuela de cosmetología local y se entrenó para ser esteticista; luego, consiguió un trabajo en el spa de un hotel de la ciudad.

Así descubrió que le encantaba ayudarles a las personas a resolver sus problemas de piel y que era buena en eso. Poco a poco, fue construyendo su propia base de clientes leales aunque, a veces, se sentía más como terapeuta que como esteticista. ¡Sus clientes siempre le compartían todos sus problemas de pareja! La mayoría de las veces, Janice era una gran oyente, razón por la cual la gente solía sincerarse con ella.

Después de algunos años de trabajar en el spa, Janice y un par de compañeros de trabajo decidieron ponerse en marcha por su cuenta y abrir una pequeña clínica de masajes y cuidado de la piel. Las cosas salieron bien durante los primeros años, pero Janice comenzó a notar que sus dos socios comerciales se estaban volviendo más y más unidos y ella se sentía como si la estuvieran excluyendo.

Un par de veces, los vio reuniéndose sin ella y tomando decisiones sobre el negocio sin consultarla, así que la situación entre ellos se volvió tensa.

Luego, Janice se fue de vacaciones durante un mes a Europa —un viaje que ella había estado planeando durante años—. Se suponía que sus socios atenderían a sus clientes mientras ella no estuviera, pero en cambio, se apoderaron de todo el negocio y la eliminaron como socia.

Janice estaba devastada.

Lloró durante tres días, sin comprender cómo alguien podía ser tan hiriente y egoísta.

Entonces, volvió a trabajar en el spa del hotel, pero la amargura y la ira que sentía le dificultaban disfrutar del trabajo que estaba haciendo. Ahora, cuando sus clientes le comparten sus problemas, ella no puede evitar poner sus ojos en blanco cuando ellos no la están mirando a la cara. ¡Ojalá supieran ellos qué cosa es un *verdadero* problema!

En este punto, Janice siente que se ha esforzado por salir adelante, pero sigue cayendo en picada. ¿Cuál es el objetivo de intentar salir adelante si la vida es tan injusta? Janice ya no quiere dar la pelea y se siente devastada por la situación. No le parece que haya una buena solución y tiene miedo de esforzarse solo para que la traicionen o la derriben una vez más. Le tiene miedo a la adversidad; le parece que su vida no ha sido más que eso —adversidad.

Janice es pesimista.

EL ARQUETIPO DEL PESIMISTA

A menudo, como consecuencia de las circunstancias fuera de su control, con lo que más lucha el arquetipo del pesimista es con el miedo a la adversidad, que por lo general, se manifiesta como miedo a luchar en medio de situaciones difíciles o como miedo al dolor.

Debido a que el pesimista ha experimentado algún tipo de dificultad, tragedia o adversidad en su vida, ya sea en el presente o en el pasado, tiene razones legítimas para sentirse víctima, pero es justo esa actitud la que lo mantiene atrapado.

Debido a que les siente tanto miedo a la adversidad y a las dificultades, y porque siente que carece de control sobre su situación, el pesimista se ve fácilmente afectado por cualquier circunstancia difícil o desafiante que se le presente. En lugar de ver los obstáculos como oportunidades para el crecimiento y la perseverancia, él ve sus tragedias y dificultades como razones legítimas para rendirse y no intentar nada en absoluto para superarlas.

Es frecuente que los pesimistas no puedan o no quieran enfrentar sus circunstancias y en cambio prefieran esconderse para evitar un dolor adicional y, como es apenas obvio, esta respuesta tiende a empeorar las cosas.

Además, les resulta difícil obtener una perspectiva positiva de la situación o ver más allá de su propio dolor, de sus dificultades y circunstancias adversas. Les parece que a todos los que los rodean les es más fácil enfrentar la vida y que a ellos les tocó la parte más dura del paseo y no logran ver que ellos mismos son quienes se victimizan.

A veces, parecen amargados y sienten con mucha frecuencia que les han dado una partida en el juego peor que a los demás, lo que los lleva a pensar que la vida es, más que cualquier otra cosa, muy injusta. También creen que son víctimas de sus circunstancias y sienten que carecen de control sobre su propio destino.

No es sorprendente que la naturaleza propia de este arquetipo lo convierta en uno de los arquetipos más difíciles, si no en el más difácil de poseer y aceptar. De hecho, las reacciones más comunes al descubrir que uno es pesimista son la ira, la negación y la ofensa. Nadie quiere verse a sí mismo como una pesimista, ni como una víctima, incluso si esa mentalidad es la que mantiene estancado a todo buen pesimista.

Es importante recordar aquí que el arquetipo pesimista no es *mejor, ni peor* que los otros arquetipos de miedo. Todos nos detienen de alguna manera y todos tenemos, por lo menos, un poco de cada arquetipo en nuestro interior.

El pesimista es el arquetipo de miedo menos común, pues solo un 3.4% de las personas lo refleja como su arquetipo superior y un 16.9% de la gente lo tiene entre sus tres miedos más influyentes.

ATRIBUTOS POSITIVOS

Los pesimistas tienden a ser sensibles y de gran corazón. Es frecuente que les digan que llevan el corazón a flor de piel y que sienten las cosas con más profundidad e intensidad que los demás.

Por esa razón, suelen ser increíblemente cariñosos, compasivos y amables, y también poseen mucha empatía hacia los demás. Por lo general, son bastante sociales, buenos oyentes y también atentos y reflexivos.

Los pesimistas se sienten atraídos por carreras que los coloquen en posición de cuidar a otras personas e interactuar con ellas, y también con carreras que requieran de consideración y expresión creativa. Sus trayectorias profesionales más comunes incluyen enfermería, cuidado y trabajo social, terapia física, asesoramiento, cosmetología, terapia de masajes, estética, arte, enseñanza y escritura.

En síntesis
El experto
en excusas...

- ⊖ Le teme a la adversidad, pero a menudo, parece estar en medio de ella
- ⊖ Tiende a ver las dificultades como una señal de pare y no como una oportunidad de ascender uno y otro peldaño
- ⊖ Se siente impotente para cambiar sus circunstancias y tiende a volverse amargado
- ⊕ Es cariñoso y compasivo
- ⊕ Posee un alto nivel de empatía y a menudo es un buen oyente
- ⊕ Es sensible y de gran corazón

HÁBITOS Y COMPORTAMIENTOS

- Tiene dificultad para avanzar más allá de circunstancias difíciles del pasado.

- Siente que no hay solución para sus problemas.

- Considera las dificultades como señales de alto en lugar de escalones en ascenso.

- Cree que su vida es peor que la de mayoría de las personas que conoce.

- Siente que circunstancias fuera de su control le impiden alcanzar sus metas.

- Se cierra ante las adversidades y los desafíos.

- Es muy probable que se rinda en lugar de seguir adelante cuando las cosas se ponen difíciles.

- Tiende a sentir emociones más intensamente que otras personas.

- Es sensible a las críticas y a la adversidad.

- Se pierde en sus propios pensamientos.

- Evita correr riesgos.

LA VOZ DEL PESIMISTA

Estos son algunos de los pensamientos y creencias expresados por los encuestados que recibieron un puntaje pesimista alto:

- "Me preocupa que lo que quiero hacer sea demasiado difícil".

- "No quiero perder todo ese tiempo y esfuerzo solo para ser derribado una vez más".

- "Mi primer embarazo estuvo lleno de dificultades. Mi médico no me escuchó y me sentí incómoda bajo su cuidado, pero nadie me escuchó y mi bebé murió durante el parto. Desearía haberme quejado y seguido mi intuición. Desde entonces, he estado devastada por su pérdida".

- "Lo que me sostiene es *la vida* —he tenido cáncer; he tenido que cuidar a mis padres mayores; mi familia nunca tiene dinero. Hay cosas que me gustaría hacer, pero es imposible realizarlas".

- "Estoy tan cansado de intentarlo todo y fracasar. Ya no quiero intentar nada más".

- "Tengo miedo de hacer trabajo y tiempo extra cuando siempre estoy cansada, sin saber si al final valdrá la pena. Es agotador ser la proveedora principal del hogar, esposa y madre. Rara vez, tengo tiempo para hacer algo divertido siendo la madre de un niño con necesidades especiales a quien nunca puedo dejar solo —ni siquiera porque es un adolescente—. Todo esto sin mencionar a mis padres ancianos, ni a mi casa abandonada".

- "Después que un accidente automovilístico terminó con mi carrera de baile y la economía colapsó al mismo tiempo, me quedé con un montón de problemas. No pude dirigir mi empresa debido a mis lesiones. Ya no podía bailar por las heridas. Estaba atrapada sin saber en qué dirección ir, ni cómo avanzar en la vida. Todo esto me detuvo en el tiempo durante años y todavía hoy me retiene de muchas maneras".

- "No quiero darle más oportunidades a mi esposo. Él no cree en mí, así que eso me hace pensar que no debo dárselas".

- "Siempre intento cosas nuevas, pero los viejos problemas siempre se interponen y me arrastran hacia el fondo del abismo".

CÓMO TE RETRASA ESTE ARQUETIPO DE MIEDO

Las percepciones son realidades individuales y, para el arquetipo pesimista, la percepción de que la vida no es justa con él o de que a él le tocó peor que a los demás llega a ser paralizante. Casi siempre, este sentimiento o percepción proviene de circunstancias realmente difíciles (tragedia, enfermedad, traición o pérdida) que él está afrontando y tratando de superar.

Es importante saber que el dolor, la ira y la amargura que siente el pesimista son legítimos y hasta justificables. Dicho esto, permitirte permanecer atascado como resultado de circunstancias difíciles no te ayuda y, de hecho, te está reteniendo.

Las siguientes son algunas formas en que ser pesimista te afecta negativamente y te mantiene atrapado:

- Tiendes a desanimarte fácilmente y tienes problemas para luchar y enfrentar desafíos y adversidades. En cambio, te quedas atascado o frustrado en "medio del caos".

- Te encierras en un ciclo de autocompasión y en una mentalidad de "pobre de mí", creyendo que la vida es injusta o que las circunstancias han sido peores para ti que para los demás. Si bien esto puede o no ser exacto, sentir pena de ti mismo solo te está frenando.

- Luchas con el perdón y con darles gracia a otras personas cuando te sientes perjudicado.

- Se te dificulta mantener relaciones positivas con aquellos de quienes percibes que les va mejor que a ti. Tu tendencia a ver la vida como injusta te lleva a sentir envidia de aquellos de quienes piensas que les ha tocado un mejor juego.

- Tu miedo al dolor y a la adversidad hacen que evites correr riesgos, incluso si son pequeños, y evitas perseguir grandes metas y sueños, porque hasta la idea de luchar por ellos te parece incómoda.

- Sientes ansiedad y miedo cuando anticipas que algo puede ser difícil.

- Te formas conceptos sobre cosas que te han sucedido, ciertas circunstancias de tu vida o la forma en que las personas te han tratado en el pasado para decretar lo que tú crees que eres capaz de hacer.

ESTRATEGIAS PARA SUPERAR ESTE TEMOR

Las siguientes son algunas estrategias útiles para superar tu miedo a la adversidad.

Replantear

La adversidad nunca es divertida. Enfermedades, tragedias, abusos, traiciones, depresiones, dificultades financieras, decepciones, errores y dificultades —la lista de cosas horribles que pueden suceder en la vida es casi infinita—. La mayoría, son cosas que no le desearíamos ni a nuestro peor enemigo.

Lo más probable es que ya hayas experimentado una gran cantidad de adversidades que te dejaron aterrorizado y sin ganas de experimentar más. Aun así, casi siempre hay algo bueno que proviene de una tragedia o de circunstancias difíciles. Entonces, en lugar de mirar las dificultades como señales de alto, comienza a mirarlas como peldaños por los cuales ascender.

No, no es divertido cometer errores, ni experimentar tragedias y dificultades. Pero es importante no permitir que el miedo de tener que superar la adversidad se convierta en lo que te impide seguir adelante o probar cosas nuevas.

Una gran parte de tu miedo proviene del guion que se ha estado reproduciendo en tu mente y eso significa que, si quieres borrarlo, tendrás que comenzar a reproducir un nuevo mensaje. Si en el fondo crees que la vida te ha dado una muy mala partida, ¿qué podrías decirte que te ayudara a comenzar a cambiar esa opinión? Del mismo modo, si estás lidiando con ira o amargura debido a la forma en que sientes que te han tratado, o si estás luchando con la sensación de que la vida no es justa, entonces, es hora de comenzar a reescribir ese mensaje que se está reproduciendo una y otra vez en tu cabeza.

A veces, las afirmaciones positivas que repites para ti mismo serán suficientes. Otras veces, significará que necesitas encontrar mensajes más positivos que escuchar, como los que se encuentran en audiolibros y podcasts. También podría significar que sería magnífico que buscaras ayuda espiritual a través de las Escrituras, la adoración o un asesor espiritual. Incluso puedes requerir de ayuda externa de un terapeuta o consejero.

Actuar en consecuencia

Un indicador clave de tu arquetipo de pesimista es sentir que has tenido que lidiar con muchas circunstancias injustas o difíciles que están completamente fuera de tu control. Y aunque no siempre puedes cambiar tus circunstancias, ni lo que te sucede, ni cómo te tratan los demás, sí puedes cambiar la forma en que eliges responder.

Al igual que el fabricante de excusas, el pesimista necesita desarrollar un lugar de control interno. Si este cambio te parece aterrador al principio, darte cuenta de que tienes la capacidad de decir que, sin importar quién te lastimó o qué cosas terribles te sucedieron, ¡decides que tú todavía tienes una nueva oportunidad de empezar es un cambio increíblemente liberador! Cuando retomas el control de tus decisiones y tus actos, no tienes que preocuparte por lo que te suceda, ni por cómo otras personas te traten, ni por qué obstáculos se te pueden presentar por el camino, porque en última instancia, *tu vida sigue siendo tu vida y de nadie más*.

Hacer rendición de cuentas

Cuando se trata de una tragedia, enfermedad o cualquier tipo de adversidad, resulta difícil obtener una perspectiva positiva y "hacerte a una idea del bosque según sean sus árboles". En ese momento, parece que la situación está en tu contra —que la vida no es justa contigo y que las cosas para ti son mucho peores que para otras personas—. Pero la realidad es que, si bien las dificultades y las adversidades de los demás parecen ser un poco diferentes, lo cierto es que esas mismas dificultades y adversidades nos suceden a todos. Nadie es inmune, incluso si sus batallas ocurren a puerta cerrada. Consuélate sabiendo que no estás solo y decídete a buscar amigos, compañeros o socios que estén dispuestos a ayudarte y a darte otros puntos de vista y perspectivas diferentes.

Dependiendo de las circunstancias que estés enfrentando, es posible que desees unirte a un grupo de apoyo —los hay para todo, desde el dolor y el abuso de sustancias hasta la depresión, el manejo de deudas y mucho más—. Un grupo de apoyo te ayudará a recordar que otros ya han recorrido este camino e incluso te ofrecerá soluciones que tú todavía no has visto.

SOBREPONERTE A TU MIEDO AL PESIMISMO

Por fin, al darse cuenta de que se estaba hundiendo cada vez más en un agujero de amargura e ira, Janice decidió buscar ayuda externa y comenzó a ver a un consejero que la ayudó a tener una perspectiva más sana sobre su infancia la cual ella siempre había visto como una etapa disfuncional de su vida.

Janice comenzó a darse cuenta de que sus padres, aunque ciertamente no eran perfectos, hicieron lo mejor que pudieron, además de muchas cosas bien. Fue así como comenzó a tener más compasión por el estrés que ambos debieron haber sentido e incluso tuvo una conversación sincera con su madre que arrojó mucha luz sobre circunstancias que ella no había entendido de niña.

También se enfrentó a su amargura por verse obligada a abandonar la universidad y se sorprendió al admitir que su programa de estudios no le gustaba tanto y que la verdadera razón por la que sus calificaciones comenzaron a bajar fue porque no estaba interesada en las clases que había estado tomando. También se dio cuenta de que lo que en realidad amaba era la estética y que no se imaginaba haciendo otro trabajo.

Para Janice, fue como si le hubieran quitado una carga de encima, porque ahora, cuando recuerda su experiencia universitaria, se siente agradecida de que el desinterés que sentía por las materias que tomaba le ayudó a encontrar un camino diferente que sí le agrada.

En lo que respecta a sus socios comerciales, Janice todavía sentía mucha ira, pero su consejero la ayudó a ver que la amargura la estaba devorando por dentro y que no le servía para nada bueno, así que decidió hacer la elección consciente de perdonarlos y seguir adelante. No fue fácil y le tomó mucho tiempo y mucha oración, pero al fin, su ira comenzó a disminuir.

Mientras tanto, Janice se dedicó a servirles a sus clientes en el spa del hotel. Se convirtió en la mejor esteticista del equipo, pudo duplicar sus tarifas y se convirtió en la primera en tener su propia lista de clientes en espera. Además, fue galardonada por el gerente del hotel como la Empleada del Año.

Le tomó gran trabajo, pero ahora Janice ve con exactitud cuánto la frenaba su miedo a la adversidad y está decidida a nunca más permitir que las circunstancias que ella no puede controlar definan qué metas es o no capaz de alcanzar.

¡Hazlo...

así sea con

miedo!

¿Necesitas más consejos para superar el miedo a la adversidad, los sentimientos de víctima y recuperar el control de tu destino? Asegúrate de leer los capítulos 10, 12, 14 y 20.

Un vistazo de los arquetipos del miedo

El procrastinador

Su mayor miedo: con lo que más lucha es con el miedo a cometer un error, lo cual se manifiesta muy a menudo como perfeccionismo o miedo al compromiso.

Rasgos negativos: le gusta que las cosas sean "perfectas" y se pasa demasiado tiempo investigando y planeando; tiene problemas tanto para comenzar como para concluir que ya terminó de hacer lo que estaba haciendo.

Atributos positivos: produce trabajo de alta calidad; por lo general, es muy bien organizado y les presta gran atención a los detalles.

El seguidor de la regla

Su mayor miedo: con lo que más lucha es con su miedo desmedido a la autoridad, que a menudo se manifiesta como una aversión irracional a romper las reglas o a hacer algo que sea percibido como "no permitido".

Rasgos negativos: se pone nervioso por no hacer las cosas de la forma en que se supone que deben hacerse; es capaz de adherirse a una regla o al *statu quo* a expensas de su propia opinión.

Atributos positivos: es bastante confiable y responsable; posee un fuerte sentido del deber y de lo correcto y lo incorrecto.

El complaciente con los demás

Su mayor miedo: con lo que más lucha es con su miedo a ser juzgado, lo que también se manifiesta como miedo a decepcionar a los demás y a lo que ellos piensen o digan.

Rasgos negativos: tiene problemas para decir que no y lucha para establecer límites; duda para tomar las medidas necesarias, pues teme lo que otros piensen o digan.

Atributos positivos: tiende a caer muy bien y es divertido, considerado, atento y generoso; es un gran jugador de equipo.

El marginado

Su mayor miedo: con lo que más lucha es con el miedo al rechazo, a confiar en otras personas y esto suele manifestarse al rechazar a los demás antes de que surja la oportunidad de ser rechazado.

Rasgos negativos: aparenta ser intrépido o imperturbable por lo que otros piensan; a veces, lucha siendo parte de un equipo y tiende a comportamientos arriesgados o autodestructivos.

Atributos positivos: es motivado y decidido a tener éxito; tiende a ser persistente, dispuesto a correr riesgos y no se desanima fácilmente ante el fracaso.

El que duda de sí mismo

Su mayor miedo: con lo que más lucha es con el miedo a no ser capaz y esto se manifiesta por medio de sentimientos profundos de inseguridad y miedo a no ser lo suficientemente bueno en nada.

Rasgos negativos: se siente paralizado por la inseguridad y, por lo tanto, se queda atascado; suele ser crítico hacia los demás como una forma de enmascarar su inseguridad.

Atributos positivos: es un trabajador incansable que hará todo lo posible para realizar un buen trabajo; es amable, empático, humilde y muy buen oyente.

El experto en sacar excusas

Su mayor miedo: con lo que más lucha es con el miedo a asumir la responsabilidad y esto se manifiesta mediante el miedo a ser responsabilizado o culpado.

Rasgos negativos: pone excusas en lugar de enfocarse en progresar; duda en liderar o hacerse cargo, prefiriendo que otros tomen decisiones.

Atributos positivos: es un buen jugador de equipo y un excelente animador; también es un observador entusiasta que aprende de los éxitos y los errores de otros.

El pesimista

Su mayor miedo: con lo que más lucha es con el miedo a la adversidad lo cual tiende a manifestarse como miedo a experimentar dificultades y adversidades o miedo al dolor.

Rasgos negativos: se siente impotente para cambiar las circunstancias; tiende a ver las dificultades como señales de alto en lugar de escalones de ascenso.

Atributos positivos: es sensible y de gran corazón; tiende a ser cariñoso, compasivo y buen oyente.

Parte Dos

Los principios de la valentía

Una vez hayas identificado las formas únicas en que tus miedos se manifiestan en tu vida, es hora de comenzar a superarlos. Este proceso comienza con cambiar tu mentalidad y con dejar de lado las creencias limitantes que tengas acerca de ti y de los demás.

Adoptar un nuevo conjunto de principios, los principios de la valentía, te ayudará a hacer el cambio de mentalidad que necesitas. Estos principios están diseñados para ayudarte a replantear tus percepciones y proporcionarte un nuevo conjunto de creencias fundamentales para que estés equipado para enfrentar tus miedos, superar obstáculos y construir una vida que ames.

Capítulo 8

Atrévete a pensar en grande
Porque las metas exigentes son el secreto
para esforzarte y mantenerte motivado

"Una buena meta es como un ejercicio extenuante: te hace estirar". | *Mary Kay Ash*

Hace nueve años, principalmente por capricho, fundé la que se convertiría con el tiempo en mi empresa, Ruth Soukup Omnimedia. ¡Por supuesto, en ese momento, no era una empresa! Ni siquiera estaba cerca de serlo. Para empezar, yo no tenía ni la menor idea de lo que estaba haciendo. Ni siquiera sabía que iniciar un negocio en línea, una empresa virtual, era algo viable de hacer y, para ser sincera, no estaba tratando de comenzar ningún negocio propio.

En ese momento, yo era un ama de casa con dos niños pequeños que buscaba algo que hacer. A decir verdad, me estaba volviendo un poquito loca con mi rutina de vida y, la mayoría de los días, lo único que hacía para despejar mi mente era salir de casa e ir a Target, así que iba bastante. Gastaba mucho más dinero del que debía y, como resultado, mi esposo y yo comenzamos a discutir por eso. Necesitaba, desesperadamente, algo que hacer; algo que no fuera comprar, y pensé: *¿por qué no empiezo a escribir sobre intentar vivir bien y gastar menos?* Pensé que, si no podía hacer nada más, comenzar un blog me daría algo que hacer y me ayudaría a mantenerme más tranquila.

Entonces, después de haber compartido mis pensamientos en línea durante algunas semanas, pronto comencé a darme cuenta de que existía otro mundo que nunca había conocido, un mundo de soñadores, emprendedores y dueños de negocios en línea. Descubrí que había personas, incluso otras mamás, que permanecían en casa, que ganaban dinero real mientras trabajaban desde sus hogares, y decidí que yo también quería hacerlo.

Así las cosas, planeé este enorme, aterrador y totalmente *loco* objetivo de ganar suficiente dinero a través de mi incipiente negocio en línea —este pequeño blog que había comenzado— para que mi esposo pudiera dejar su trabajo.

Ni siquiera logro explicarte qué tan imposible me parecía este objetivo en ese momento. En primer lugar, mi esposo es ingeniero aeroespacial, lo cual significa que ganaba bastante dinero. No era que estuviera trabajando a tiempo parcial en una ferretería local o algo así; este era un ingreso serio que yo tendría que generar. En segundo lugar, cuando establecí ese objetivo, mi negocio estaba generando exactamente $0 y tenía unos cuatro lectores, uno de los cuales era yo misma.

Como verás, este no solo era un gran objetivo; era un objetivo descabellado. Una meta estilo "la dama perdió su sentido común". Eso fue justo lo que dijo mi esposo cuando le conté mi plan. De hecho, creo que sus palabras exactas fueron: "Cariño, eso es lo más estúpido que hayas dicho. No puedes ganar dinero en un blog". Él no estaba tratando de ser cruel, ni de matar mi sueño. En realidad, sí parecía una idea estúpida, loca, 100% fuera de toda posibilidad razonable.

¿Pero sabes qué?

¡No me *importó!*

La cuestión es que yo ya había establecido otras metas en mi vida, incluso algunas que yo misma sabía que eran bastante grandes —metas como ingresar a una de las 20 mejores escuelas de derecho—, pero ahora, era la primera vez que tenía una meta tan grande que no tenía ni las más remota idea de cómo lograrla, ni cómo iba a hacerla realidad, pero estaba resuelta a alcanzarla.

Por eso, no me importó que mi esposo pensara que estaba loca. No me importó que mis amigos no me entendieran, ni que se burlaran de mí a mis espaldas. Tampoco me importó tener que trabajar más duro de lo que nunca había trabajado hasta ahora.

Una vez que me comprometí a lograr este gran objetivo, estaba lista y dispuesta a hacer lo que fuera necesario para triunfar.

Sí, estaba asustada. Aterrorizada, en realidad. Y sí, no tenía ni idea de lo que estaba haciendo, pero sabía que, si seguía intentándolo, llegaría el momento en que lograría mi cometido. Sabía que tenía que haber un camino, incluso si yo no sabía con exactitud cuál era ese camino.

POR QUÉ NECESITAMOS METAS EXIGENTES

En un viaje de negocios reciente, pasé un tiempo haciendo ejercicio en la cinta de correr del gimnasio del hotel donde me hospedaba. Cuando terminé, aún con mi ropa de entrenamiento puesta, me dirigí al desayuno bufé donde, tratando de ser una buena chica, escogí unos huevos duros, fresas frescas, yogur griego y nueces.

El hombre detrás de mí en la fila no pudo evitar comentar sobre mi plato. "¡Vaya, eso se ve muy *saludable!*".

Claramente, no era un cumplido, pero me reí y le respondí: "¡No tiene sentido hacer ejercicio durante una hora solo para venir a desayunar pancakes!".

A lo que él (algo sarcástico) respondió: "Creo que yo sí me comeré unos".

Continuamos charlando y le expliqué que me había fijado la meta de estar en la mejor forma de mi vida para mi cumpleaños número 40 y solo me quedaban siete semanas, así que tenía que esforzarme.

"Supongo que es bueno tener objetivos", comentó, "siempre y cuando sean realistas. No creo que quieras establecer metas demasiado altas".

En ese momento, necesité de toda mi fortaleza y mi voluntad para no gritarle: "¡No sabes lo *equivocado* que estás!".

No lo hice, porque no era el momento, ni el lugar para entrar en un debate gigante con un extraño cualquiera. Pero la verdad es que no podría haber estado *más en desacuerdo con él*.

¡Necesitamos grandes objetivos en la vida!

Necesitamos objetivos que nos motiven y hagan que nuestro pecho se agite o que cientos de mariposas entren en nuestro estómago. Metas tan grandes que nos asusten un poco, pero que también nos vigoricen y nos entusiasmen más a saltar de la cama cada mañana. Las grandes metas nos proporcionan el mapa de ruta para nuestra vida, son la brújula que nos dice que nos estamos moviendo en la dirección correcta.

¡Las grandes metas son la chispa que enciende el fuego en nuestro interior!

¿Alguna vez has notado que, a principios de cada año, comenzamos con las mejores intenciones de cómo será esta nueva etapa? Es un nuevo comienzo, un cuaderno en blanco, así que tomamos todo tipo de resoluciones, una lista completa de todas aquellas cosas que queremos lograr.

Pero luego, a mediados de febrero, toda esa energía renovada que sentimos a principios de año comienza a esfumarse. La vida se interpone en nuestro camino. La realidad de todas esas responsabilidades cotidianas comienza a pesarnos y ya no nos sentimos tan entusiasmados. Perdemos el foco. Trabajamos en una cosa un día y en otra otro día y nunca adquirimos la suficiente tracción en ningún área como para sentir que hemos logrado algo.

¿Por qué?

Creo que es porque necesitamos *grandes* objetivos para llegar a hacer *grandes* cosas.

Y esa es exactamente la razón por la cual este es el primer principio de valentía: **atrévete a pensar en grande.**

En los últimos años, lo más importante que aprendí sobre cómo superar el miedo y establecer metas efectivas que cambien la vida es que establecer un montón de metas más pequeñas y alcanzables es contraproducente para obtener grandes resultados.

¿Alguna vez has oído hablar de los objetivos SMART? Supongo que sí, ya que esa es la sabiduría convencional más actual y conocida cuando se trata de establecer objetivos. En esencia, de lo que se trata es de que los objetivos deben ser específicos *(Specific)*, medibles *(Measurable)*, alcanzables *(Attainable)*, relevantes *(Relevant)* y de duración determinada *(Time Bound)*. Lo que esto significa es que debes saber con total exactitud lo que estás tratando de hacer; tu objetivo debe ser cuantificable de alguna manera; debe ser una meta que realmente puedas lograr; debe ser significativo para ti y debe tener una fecha límite.

Si bien este marco de objetivos SMART parece muy práctico —y supongo que, de alguna manera, lo es—, sin embargo, en medio de todos sus aspectos prácticos, omite la parte más importante de establecer objetivos, la parte que realmente te *mantendrá motivado*.

Esa parte más importante es pensar en grande y elegir una meta exigente —una que nos empuje más allá de nuestra zona de confort, que no creamos que sea completamente alcanzable, al menos no para nosotros—. Es retador creer que somos capaces de más y atrevernos a superar nuestros límites actuales con tal de lograr algo increíble. Es atrevido establecer metas tan grandes que nos asusten. Objetivos que hagan que nuestro pecho se asfixie o que nuestro vientre se agite.

Esas son las metas que nos motivarán.

Verás, cuando establecemos metas que sentimos seguras y alcanzables, estamos cediendo a nuestras propias nociones preconcebidas de lo que somos capaces. No nos estamos saliendo más allá de nuestra zona de confort; solo estamos conformándonos con el *statu quo* y no hay nada inherentemente motivador en eso. Es cómodo. Es lo que sabemos. No es necesario que nos estiremos, ni que cambiemos o trabajemos más duro de lo que ya lo hacemos. Entonces, no lo hacemos. De hecho, a veces, trabajamos menos duro. Hacemos lo mínimo. Nos aburrimos y perdemos el foco.

Pero cuando establecemos y nos comprometemos a sacar adelante una gran meta, una tan grande que nos asusta un poco, nos obligamos a salir de esa zona de confort rumbo hacia lo desconocido. ¿Da miedo? ¡Sí! Pero también es totalmente estimulante y completamente motivador. No hay nada que nos haga trabajar más duro, ni por más tiempo.

La realidad es que el aleteo en el estómago y la tensión en el pecho son síntomas de *miedo*, pero es el tipo *bueno* de miedo, ese que se activa cuando necesitamos hacer cosas que no creemos que podamos hacer.

¿Y si no te sientes así con respecto a tus objetivos? ¡Entonces me atrevería a decir que tus objetivos no son lo suficientemente retadores! En ese caso, te desafiaría a que comiences a pensar en grande y a esforzarte un poco más.

ELIMINA LA AUTOCRÍTICA

Por supuesto, cuando se trata de pensar en grande sobre tus objetivos, el primer paso que deberás dar es concederte el permiso para comenzar a visualizar todas las posibilidades que tengas frente a ti. Y con eso, quiero decir que debes darte la libertad de soñar en grande sin autoedición, ni autocrítica.

Y siendo sincera, para la mayoría de las personas, esta es la parte más difícil.

A menudo, somos tan críticos con nosotros mismos y tenemos mucho miedo de soñar con las posibilidades que tenemos a nuestra disposición. Nos decimos que nuestros sueños son estúpidos... incluso desde antes de tener la oportunidad de soñarlos.

O podría ser que estamos tan empantanados en las realidades de la vida en el lugar en el que estamos en este momento, con todas las responsabilidades, limitaciones, frustraciones y obstáculos, que no podemos permitirnos imaginar, ni siquiera por unos pocos minutos, que las cosas podrían ser diferentes. En nuestra mente, la realidad actual es nuestra única realidad.

¡Pero no lo es! Existe todo un mundo de posibilidades, una cantidad infinita de puertas esperando a ser abiertas y exploradas, y el único límite de lo que eres capaz de alcanzar, sin importar en qué etapa de la vida te encuentres en este momento, es tu disposición a soñar en grande y tus ganas de ponerte a trabajar.

Así que concédete permiso para soñar en *grande* sin juzgarte, ni editarte a ti mismo y comienza a hacerte preguntas importantes y estimulantes como estas:

- ¿Qué he querido hacer siempre?

- ¿Qué me interesa o me apasiona y nunca me he atrevido a lograr?

- ¿Qué haría si nada se interpusiera en mi camino?

- ¿Qué me motiva o me entusiasma a saltar de la cama por la mañana?

- ¿Qué soñé hacer antes de que la vida se interpusiera?

- ¿Dónde me gustaría verme dentro de 5 o 10 años?

- ¿Cuál sería mi ideal de vida? ¿Cómo se ve?

Toma una decisión consciente, aunque solo sea por unos minutos, para apagar todas esas voces en tu mente que te dicen una y otra vez que eso que añoras no es posible o que es estúpido o que "¿quién eres tú para pensar en algo así?" y sueña en grande. No te detengas. No te preocupes por lo que es posible o imposible, ni por cómo llegarás allí. No te autoedites. Permítete imaginar las posibilidades más traídas de los cabellos, incluso si son completamente locas y poco realistas.

Date permiso de pensar en grande.

QUERIENDO QUERER ALGO

Y si bien todo esto parece tan fácil en teoría, sé que, en la práctica, la idea de alcanzar grandes objetivos es muy, muy difícil para mucha gente (¡y *sobre todo*, para las mamás!). Hablo con muchas amigas que me dicen que han pasado tanto tiempo cuidando a todos los que las rodean que sienten que se han perdido en su propio proceso. Ni siquiera saben realmente lo que quieren, ni lo que deberían querer.

De hecho, hace solo unos meses, una amiga me confesó que estaba deprimida porque se sentía *tan sin propósito*. Durante estos últimos 14 años, se había convertido en madre, pero ahora sus hijos se estaban haciendo mayores y más independientes, y ella no tenía idea de qué hacer consigo misma, ni sabía quién en realidad era ella, aparte de "mamá".

"Quiero hacer algo que importe", dijo, "algo que me interese de verdad. Veo a todas estas otras mujeres haciendo tantas cosas geniales, pero no tengo ni la menor idea de lo que yo quisiera hacer".

Otra amiga lo expresó de manera sucinta cuando me dijo: "Solo quiero querer algo".

¡Más tarde, me di cuenta de que esa declaración en sí misma es un objetivo! De hecho, es un gran objetivo, quizás el más grande de todos. Atreverte a descubrir tu propósito, definitivamente, no es para los débiles de corazón.

Pero si alguna vez te encuentras diciendo algo similar, lo que esto significa es que descubrir con exactitud quién eres y qué es lo que quieres es ese gran objetivo en el que debes estar trabajando en este momento. Quizá, significará tomarte un tiempo para ti mismo, planificar un retiro personal o uno o dos días para pensar. Puede significar escribir un diario o leer libros relacionados con algunos temas que te interesan. Puede significar tomar una clase o asistir a una conferencia. Puede significar pedir alguna clase de asesoramiento o incluso contratar a un entrenador de vida.

Pero primero, tendrás que verlo como un gran objetivo, quizá, como el más grande de tu vida —y comprometerte de lleno a trabajar en él.

LA ACCIÓN ES EL ANTÍDOTO AL TEMOR

Por supuesto, una vez que hayas identificado tu gran objetivo, hay otro paso crítico que necesitarás dar: deberás tomar cartas en el asunto y ejecutarlo. Un objetivo no es nada sin acción y, sin importar cuán aterrador o imposible te parezca tu gran objetivo al principio, te garantizo que tomar medidas, realizar cualquier acción, por pequeña que sea, es la forma más rápida de superar tus dudas. Recuerda que *la acción es el antídoto contra el miedo*.

Tomar medidas significa que tendrás que reorganizar tu agenda y *anteponer* tu gran objetivo todos los días y luego comenzar a hacer lo que sea necesario para convertirlo en realidad. Quizá, significará levantarte más temprano todos los días, decirles no a otras oportunidades menores y a distracciones que se interpondrán en tu camino a lograr tu gran objetivo. Habrá veces, en que signifique decirles no a cosas que realmente quieras hacer.

También, podría significar tomar una clase o regresar a la escuela, buscar otro trabajo o tomar algún otro tipo de riesgo. Puede significar hacer una inversión financiera en suministros, capacitación o viajes. Y, sin lugar a duda, significará apartar el tiempo cada semana, e incluso todos los días, para estar un paso más cerca de tu línea de meta.

Y ten la certeza de que también significará cavar profundo y seguir adelante cuando el camino se ponga difícil o cuando surjan obstáculos en tu camino —además de construirte una piel bien gruesa para cuando la gente no te entienda—. Pero una vez que estés 100% comprometido a convertir en realidad tu gran objetivo, ninguna de estas cosas que te acabo de mencionar te parecerán una carga o una imposición. Las harás de buena gana, sabiendo que el camino no siempre será fácil, pero valdrá la pena.

Para mí, cuando mi negocio apenas estaba despegando, poner mi gran objetivo primero significaba levantarme a las 3:00 a.m. todos los días, incluso los fines de semana, para poder encontrar el tiempo para trabajar en esta incipiente puesta en marcha y, aun así, seguir siendo mamá, esposa y ama de casa. Significaba aprender todo lo que pudiera sobre la creación de un negocio en línea y probar constantemente cosas nuevas para ver cuáles funcionaban y cuáles no, fallando a menudo 9 de cada 10 veces. Significaba salirme de mi zona de confort para asistir a conferencias y buscar nuevas oportunidades e incluso hacer videos tontos en YouTube sobre mis aventuras de comprar con cupones. Significaba sacrificar mucho tiempo libre y tiempo de diversión y tiempo con mis amigos.

Pero para mí, siempre valió la pena, incluso si no siempre fue divertido o cómodo en el momento. Y al final, esos sacrificios dieron sus frutos de maneras que nunca habría imaginado. En 2013, dos años y medio después de que comencé mi negocio por capricho, mi esposo pudo renunciar a su trabajo y ese objetivo original, loco e imposible de cumplir, se convirtió en realidad, allanando así el camino para objetivos aún más grandes y más locos.

Pero incluso si no hubiera sucedido de esa manera, no creo que habría lamentado ni siquiera por un minuto todos los sacrificios que hice, ni los que sigo haciendo hasta el día de hoy. Por el contrario, me habría sentido *muy* orgullosa de haberlo intentado. Y la verdad es que, hasta ahora, la mayor parte de mi alegría en este emprendimiento proviene de mis luchas, de los desafíos que he tenido que superar y de los obstáculos que he tenido que saltar.

¡Porque esos grandes objetivos —incluso cuando no los alcanzamos por completo— son los que hacen que valga la pena vivir! ¡Son aquello que despierta nuestra pasión y nos motiva a saltar de la cama cada mañana! Son lo que nos mantiene en marcha, incluso en momentos aburridos, difíciles o dolorosos.

Esos grandes objetivos —aquellos por los que tenemos que esforzarnos, persistir y luchar—, son los que nos capacitan para construir la vida que *amemos* y no seguir viviendo una que apenas sí *toleremos*.

Así que hazlo. Atrévete a pensar en *grande*.

Porque los objetivos exigentes son el secreto para motivarte y mantenerte motivado.

Capítulo 9

Las reglas son para los tontos
Porque nunca deberías tener miedo de pensar por ti mismo

"Cuando creces, la tendencia es que te digan que el mundo es como es y que debes vivir tu vida de acuerdo a lo que el mundo diga. Te dirán que trates de no darte demasiado duro contra las paredes; que tengas una vida familiar agradable, que te diviertas, que ahorres algo de dinero. Pero esa es una vida muy limitada. La vida es mucho más amplia que eso cuando descubres un hecho simple y es que, todo a tu alrededor, a lo que llamas vida, fue inventado por personas que no eran más inteligentes que tú y que tú también puedes cambiar el mundo e influenciarlo. Cuando entiendas eso, nunca volverás a ser el mismo".

Steve Jobs

Las reglas son para los tontos

Suena bastante rebelde, ¿cierto?

Lo curioso es que este pequeño mantra mío comenzó como una broma. Mi esposo y yo estábamos conversando sobre una historia que vimos en las noticias, ya no recuerdo los detalles, pero era otra de esas historias sobre alguien que decidió romper todas las reglas y no solo se salió con la suya, sino que salió adelante.

Había triunfado *porque* se atrevió a romper las reglas.

"¡Ay, cariño!", le dije, "¿no sabes que las reglas son para los tontos?".

Ambos nos reímos y luego pasamos al siguiente tema de conversación. Pero poco tiempo después, volvimos a escuchar otra noticia de otra persona rompiendo las reglas y saliendo adelante. Otro ejemplo de cómo la clave del éxito es pensar fuera de lo común.

Una y otra vez, me vi diciéndolo: "Las reglas son para los tontos".

Finalmente, comencé a abrazar esta idea. La cuestión es que creo que lo he sabido desde hace tiempo.

Verás, cuando tenía poco más de 20 años, pasé por una depresión terrible y completamente debilitante. Intenté suicidarme varias veces y mi peor intento me llevó a un coma severo con menos del 10% de posibilidades de despertar. Yo era un desastre.

Durante esa depresión, pasé más de *dos años* entrando y saliendo de hospitales psiquiátricos. Había perdido toda esperanza y todo sentido.

Pero durante ese tiempo, también perdí todo concepto de lo que significaba jugar según las reglas.

Casi siempre, todos operamos dentro de un conjunto de normas establecidas. Hablamos de cierta manera, nos vestimos de cierta manera, seguimos instrucciones y nos autoeditamos y autorregulamos. No nos atrevemos a salirnos de los límites. Le prestamos atención a lo que todos los demás están haciendo e intentamos mantener nuestro propio comportamiento en línea. En resumen, casi todos somos seguidores de las reglas, nos demos cuenta o no de ello.

Sin embargo, cuando ingresé a ese hospital psiquiátrico por primera vez, la parte aún sana de mí reconoció que había tocado fondo y que, de repente, las reglas ya no aplicaban a mi vida. De hecho, en el hospital, los pacientes caminaban en batas de baño, se quedaban horas en el mismo rincón, maldecían en público, se ponían de mal humor y lloraban, y a veces, hasta arrojaban sillas por todas partes, solo por diversión. La gente trastornada no se ajusta a las normas establecidas. Así que, una vez unida a los habitantes de la tierra de la locura, no tuve que preocuparme más por lo que los demás estuvieran haciendo, pensando u opinando.

De una manera aterradora, esa fue una realidad extrañamente liberadora.

Y aunque hace mucho que me recuperé de esa depresión y ya han pasado más de 15 años desde que volví a entrar en el mundo de las personas "normales", aquella fue una lección que me quedó grabada.

Las reglas son para tontos. Ese es el segundo principio de la valentía.

De hecho, es un principio que les enseño a mis hijas, aunque mucha gente me dice que es una locura enseñárselo. "¿Qué vas a hacer cuando eso que les enseñas se vuelva en contra tuya y ellas dejen de escucharte?", me preguntan.

Pues siendo sincera, estoy esperando el día en que el director de la escuela de mis hijas me llame, porque uno de ellas (y estoy bastante segura de que será mi hija menor) decidió compartir o aplicar esta pequeña filosofía de vida en el momento equivocado. Así que aclararé algo.

Lo que *realmente* les estoy enseñando a mis hijos no es que *todas* las reglas sean estúpidas. Les digo que hay muchas reglas bastante buenas en el mundo, reglas importantes que *debemos* seguir. Pero también hay muchas reglas tontas, reglas que no tienen sentido, reglas que otras personas inventaron solo para sentirse importantes o porque las cosas siempre se han hecho de esa manera o porque tenían sentido en ese momento, pero ya no lo tienes más.

Lo que quiero que ellas desarrollen es un escepticismo saludable y una disposición a cuestionar la autoridad y el *statu quo*. No quiero que sigan las reglas ciegamente, por el simple hecho de que alguien les dijo que esa era una regla. Yo quiero que sepan que está bien seguir su propio camino.

EL USO DEL SENTIDO COMÚN

A estas alturas, ya habrás notado este simple hecho: solo porque alguien dice que algo es cierto o porque aparece en internet o porque "todos" están repitiéndolo como dándolo por hecho, no hace que eso sea realidad. Ahí es donde el sentido común tan desprestigiado y pasado de moda, junto con las habilidades de pensamiento crítico, son tan importantes. La próxima vez que escuches algo de lo que "todos" estén hablando —o de lo cual estén asustados—, pregúntate: *¿esto realmente tiene sentido? ¿Es esto tan grave o tan urgente como la gente lo está haciendo parecer? ¿Habrá una perspectiva diferente al respecto?*

No sé tú, pero yo siento que el auge del internet y las redes sociales está directamente relacionado con la pérdida del sentido común. En infinidad de áreas diferentes de nuestra vida existe esta mentalidad de que "el cielo se está cayendo" encima nuestro, bueno, prácticamente, en todas. Cuando estaba embarazada de mi primera hija, me uní a un foro en línea llamado BabyFit, donde miles de mujeres embarazadas, la mayoría de nosotras, madres primerizas, se conecta para discutir sobre todas las cosas relacionadas con el embarazo, el parto y hasta las náuseas.

El hecho es que, en agosto de 2006, cuando ingresé a ese chat, sentí que había encontrado a mi comunidad. Estar embarazada por primera vez, me hizo sentir completamente extraña. Me sentí perdida y sola, así que estaba desesperada por escuchar que todo lo que estaba experimentando era normal y "estaba bien". Y como madre primeriza, también quería estar segura de que estaba haciendo todo bien.

Entonces, iniciaba sesión unas 40 veces al día para conversar con todas mis nuevas amigas sobre todo lo relacionado con el embarazo, les hacía preguntas y leía y respondía todas las preguntas que otras chicas en línea publicaran.

¡Oh, qué drama! Por lo menos, una vez al día, había una nueva crisis sobre la cual preocuparse —si el bebé no se movía lo suficiente o si no hacía ejercicio lo suficiente o si era conveniente dejar que el perro durmiera en mi cama, si estaba lastimando al bebé o qué marca de vitaminas debía tomar o si mis tobillos estaban demasiado hinchados.

Y todo esto empeoró cuando llegó agosto y todas comenzamos a dar a luz. Primero, se trató de los planes de trabajo de parto, del drama del parto y de las historias de nacimiento tan detalladas para compartir, seguidas de inmediato por un millón y un miedos por los cuales preocuparse con el recién nacido. Hubo debates prolongados —y a menudo, acalorados— sobre dormir en el mismo lecho con el bebé, la lactancia materna, la crianza demasiado apegada y todas las formas en que podríamos estar causándoles daños permanentes a estos niños de los que ahora éramos responsables.

Y yo tomaba todos estos consejos que estaba recibiendo como si fueran la verdad del evangelio. Después de todo, si todas lo decían, entonces, todas estas cosas que yo estaba escuchando tenían que ser ciertas. ¿Correcto?

Hasta que un día, mi esposo, Chuck, que hasta ese momento había sido muy paciente con mi embarazo, cargado a diario de hormonas y repleto de los temores propios de una mamá neófita, finalmente, no pudo soportarlo más y estalló.

"¿Por qué pierdes todo tu tiempo escuchando a estas mujeres desconocidas en internet?", me preguntó. "¿No entiendes que ellas tampoco saben lo que están haciendo mejor que tú? Las mujeres han venido teniendo hijos durante miles de años, desde mucho antes de BabyFit. ¡Ya nos las arreglaremos!".

Y aunque no pude admitirlo en ese momento, al menos no ante él, me di cuenta de inmediato que tenía razón. Me había emocionado tanto por ser una madre primeriza y me sentía tan nerviosa e insegura de mis habilidades que estaba arrojando todo mi sentido común y mis instintos por la ventana. La responsabilidad se sentía tan grande y tenía tanto miedo que estaba dispuesta a creer que otras personas tenían las respuestas a preguntas que yo debería haber podido resolver por mí misma. No mucho después de esa explosión, abandoné aquel chat en línea para siempre y decidí comenzar a confiar en mis propios instintos y en mi sentido común. ¿Y sabes qué? Mi hija Maggie ahora tiene 12 años y se encuentra muy bien. ¿He tomado todas las decisiones correctas en el camino? Por supuesto que no. He hecho muchos movimientos descabellados como madre y estoy segura de que continuaré haciéndolos con mucha frecuencia. Pero aprender a confiar en mis instintos y comenzar a usar el sentido común fue, en definitiva, la decisión más correcta. Y déjame decirte, ¡así, es mucho menos estresante!

Y aunque este sea un ejemplo quizás extremo, descubrí que este mismo tipo de escenario se desarrolla en la vida todo el tiempo, ya sea en el trabajo o en la iglesia o incluso en las noticias. A la gente le encanta unirse a la algarabía y es fácil dejarse atrapar por el impulso de un punto de vista popular y olvidar que siempre es importante hacer una pausa y preguntarse si lo que "todos" están diciendo realmente es cierto.

CUESTIONA A LA AUTORIDAD

Del mismo modo que debemos atrevernos a confiar en nuestra propia intuición y usar el sentido común cuando se trata de interacciones entre pares y el pensamiento grupal, también debemos cuestionar esas reglas que provienen de posiciones de poder o autoridad.

A veces, resulta difícil de hacer, sobre todo cuando, durante toda nuestra vida, nos han dicho que hagamos exactamente lo contrario. Se nos enseña que respetemos a la autoridad, que respetemos las reglas y que nos mantengamos a raya para no meternos en problemas.

Pero la autoridad proviene de todas partes —existe autoridad en el gobierno en cuanto a las reglas que debemos seguir para ser ciudadanos respetuosos de la ley—. Existe autoridad en nuestro lugar de trabajo y en las reglas que debemos seguir allí. Existe autoridad que proviene de Dios y en las reglas que seguimos como parte de nuestra fe. También existe la autoridad que proviene de nuestros padres, entrenadores, mentores u otras personas en posiciones de liderazgo sobre nosotros. Y la mayor parte de esta autoridad es legítima. No toda autoridad es mala. No todas las reglas son malas. De hecho, sin algunas reglas y normas establecidas para tener un comportamiento aceptable habría un caos completo. Ninguno de nosotros quiere vivir en un mundo que se parezca a una versión de *The Walking Dead*.

Sin embargo, no toda autoridad es buena y somos pocos quienes nos detenemos a pensar en la diferencia. En su mayor parte, aceptamos sin cuestionar las reglas dictadas por las figuras de autoridad en nuestra vida. A lo mejor, no siempre nos gusten, pero no las cuestionamos.

Seguir las reglas es la opción predeterminada, una parte de nuestro instinto de supervivencia natural. Cuestionar a nuestro jefe o ignorar sus reglas podría hacer que nos degraden o nos despidan, así que las seguimos. Desobedecer la ley podría hacer que nos arresten, así que mejor nos mantendremos fuera de problemas.

Pero, ¿qué pasa cuando la autoridad está equivocada? ¿Qué pasa cuando la regla va en contra de nuestro mejor juicio o, peor aún, de nuestra conciencia? ¿Nos atrevemos a preguntar entonces?

En la década de 1960, se realizó un famoso experimento en la Universidad de Yale con el fin de probar exactamente eso. El investigador, Stanley Milgram, quería estudiar la disposición de los participantes a obedecer a una figura de autoridad que les decía que hicieran algo que entraba en conflicto con su conciencia personal.

En el experimento, se les dijo a los participantes que estaban contribuyendo en un experimento de memoria y que su trabajo consistía en administrarles descargas eléctricas de voltaje creciente cada vez que alguien cuya memoria estuvieran probando respondiera incorrectamente. En realidad, esa persona era un actor y aquellas no eran verdaderas descargas eléctricas. A medida que aumentaban las supuestas descargas, el actor gritaba cada vez más fuerte hasta que, al voltaje más alto, él se quedaba en silencio como si se hubiera desmayado.

Si el participante se mostraba renuente a seguir recibiendo los choques eléctricos, el facilitador le decía cosas como: "Por favor, continúe", "El experimento requiere que usted continúe". Lo que Milgram descubrió fue bastante impactante. Al 65% de los participantes se le continuó administrando los choques, incluso cuando ellos no querían y estaban claramente incómodos al hacerlo[1].

Desde entonces, ese estudio se ha replicado muchas veces y de muchas maneras diferentes y los resultados han sido consistentes.

Como regla general, dos tercios de los participantes continuarán actuando de una manera que contradiga directamente su conciencia o un mejor juicio si se los ordena alguien en una posición de autoridad.

Bastante aterrador, ¿verdad? Es aún más aterrador cuando descubres que la idea de este experimento se inspiró en el Holocausto. Milgram no podía entender por qué tanta gente en la Alemania nazi había participado voluntariamente en actos tan atroces, pero lo hicieron.

En síntesis, la autoridad no es del todo mala, pero nunca debe ser aceptada a ciegas, ni tomada al pie de la letra. En última instancia, es nuestro deber asegurarnos de que, por lo menos, estamos dispuestos a cuestionarla activamente, incluso cuando hacerlo resulte incómodo.

ATRÉVETE A SER DIFERENTE

Sé honesto: ¿con qué frecuencia te atreves a pensar fuera de lo común? El hecho de que algo siempre se haya hecho de cierta manera no significa que deba hacerse así siempre. Si lo piensas, casi todos los grandes inventos y avances tecnológicos en nuestra sociedad han sucedido porque alguien se atrevió a ser diferente o a hacer algo de una manera 100% distinta.

Pero es difícil ser diferente. Ninguno de nosotros quiere ser visto como extraño o loco, ni exponerse a la crítica o al ridículo. Y sin embargo, ¿por qué no? Porque, cuando lo piensas, ¿qué tenemos que perder? ¿Por qué no traspasar los límites y ver hasta dónde es posible llegar? ¿Por qué no probar algo nuevo? ¿Qué es lo peor que podría pasar?

No mucho después de comenzar mi negocio, me invitaron a unirme a la que, en ese momento, parecía una colaboración muy prestigiosa de propietarios de negocios en línea que era patrocinada por una empresa bastante grande y reconocida.

Al ser nueva en el mundo de los negocios en línea, pensé que lo había *logrado*, sobre todo, cuando esta compañía decidió lanzar una iniciativa 100% novedosa y me contactó personalmente para invitarme a ser parte de su lanzamiento beta, que era algo así como un grupo *súper élite* dentro de este grupo élite. Por lo que entendí, como parte de esta nueva iniciativa, nos promoverían tanto a mí como a mi negocio y ganaría el que parecía mucho dinero. Me sentí, prácticamente, fuera de mí.

Pero hubo un problema.

Verás, había cuatro mujeres en este grupo que ejercían mucho poder. Sus negocios estaban bien establecidos y eran muy bien conocidos, y si hubiera sido la escuela secundaria (y créeme, hubo momentos en que me sentí así), ellas habrían sido las chicas populares, las chicas que todas las demás querían ser.

Desafortunadamente, desde el momento en que nos conocimos (durante la que resultó ser una cena de sushi bastante incómoda), estas cuatro mujeres no me quisieron. No sé por qué. Tal vez, pensaron que yo no merecía estar allí. Mi nuevo negocio no era nada comparado con el de ellas. Tal vez, pensaron que yo era demasiado alta. Tal vez, solo eran chicas malas. Tal vez, fue porque nunca he hecho parte de la "multitud". Aun después de todos estos años, todavía no tengo ni la más remota idea.

Pero ellas eran poderosas, o al menos, así parecían en ese momento, así que este grupo de cuatro convenció a la compañía entera para que las contratara como consultoras y ejecutar esta nueva iniciativa.

Lo primero que hicieron fue dejar de invitarme. Yo estaba devastada.

Sentí que mi vida había terminado. Aquel parecía ser mi boleto hacia el éxito y desapareció así como así, en un abrir y cerrar de ojos.

Pero una vez más, fue mi esposo quien me ayudó a recuperar el sentido.

"¿Por qué te importa tanto lo que esas chicas malas piensen de ti?", me preguntó. "*¿A quién le importa* lo que todos los demás estén haciendo? Tú estás mucho mejor haciendo lo tuyo. Solo ve allá afuera y sé *tú*".

Y una vez más, él tenía razón.

Entonces, una vez más, seguí su consejo. Me retiré del grupo y dejé de intentar emular lo que todos los demás en mi campo estaban haciendo y comencé a hacer lo mío por completo.

Como resultado, mi negocio creció exponencialmente.

Y lo que es más, cada persona con la que hablé que participó en aquella iniciativa de la que me desvincularon, la odiaba por completo. De hecho, para muchos, terminó siendo una gran distracción de años que no hizo crecer sus negocios como se les prometió y en cambio sí les produjo muy poco dinero. Mientras mi negocio despegaba, el de ellos se estancó y muchos tuvieron que renunciar.

Ese pudo haber sido mi caso.

Por fortuna, para mí ese fue el momento en que me di cuenta de que no solo está bien hacer lo tuyo, sino que, la mayoría de las veces, es *mucho*, *mucho* mejor.

Porque las reglas son para los tontos.

No siempre es fácil ir en contra de la multitud o usar la cabeza y el sentido común cuando el resto del mundo está siendo impulsado por la emoción y el miedo. Se necesita mucha valentía para cuestionar la autoridad y salirse de la multitud cuando todos los demás te dicen que te quedes allí dentro. Pero sus reglas no tienen que ser tus reglas. Y para el caso, ¡tampoco las mías!

Así que atrévete a forjar tu propio camino. Porque *nunca* debes tener miedo de pensar por ti mismo.

Capítulo 10

Siempre en control

Porque tú tienes total control
de las decisiones que haces

"A la larga, le damos forma a nuestra vida y nos damos forma a nosotros mismos. El proceso nunca termina hasta que morimos. Y nuestras decisiones, en última instancia, son nuestra propia responsabilidad".

Eleanor Roosevelt,

Figura política y activista, autora del ensayo
Lo que aprendí viviendo

En octubre de 2014, Allison Toepperwein reunió la valentía que necesitaba para alejarse de un matrimonio tóxico y comenzar de nuevo como madre soltera. Fue doloroso, aterrador y duro. Y además, ella nunca se imaginó que su año empeoraría.

Solo unos pocos meses después, con apenas 34 años de edad, le diagnosticaron el inicio temprano de la enfermedad de Parkinson, una enfermedad devastadora para la que todavía no hay cura. Ahora, criando ella sola a su pequeña hija, Allison se enfrentaba de repente con la posibilidad muy real de que no podría cuidarla por mucho tiempo.

Estaba devastada.

Esa noche, en la víspera de Año Nuevo de 2014, lloró hasta quedarse dormida, preguntándose cómo podría continuar.

Pero cuando se despertó a la mañana siguiente, el sol brillaba a través de su ventana y aquel era un año completamente nuevo. Y en ese momento, Allison decidió que no importaría cuán devastador, ni negativo fuera el diagnóstico, pues ella haría todo lo posible por luchar.

Entonces, reservó una cita con uno de los mejores neurólogos del país, un médico que no había hecho más que estudiar la enfermedad de Parkinson durante los últimos 20 años y su diagnóstico fue que, si bien no había cura, lo único que se había demostrado que frenaba la progresión de la enfermedad era el ejercicio.

Así las cosas, Allison comenzó a hacer ejercicio a pesar de que casi no tenía energía. Comenzó caminando los escalones de las gradas en la pista de su escuela secundaria local, aumentando poco a poco su fuerza para hacer más cada vez. Sorprendentemente, el ejercicio le dio más energía y ella continuó presionándose para hacer más y más.

Se puso en tan buena forma que fue invitada a aparecer no una vez, sino dos veces, en *American Ninja Warrior*, siendo la primera persona con enfermedad de Parkinson en hacerlo, y en el proceso, ha inspirado a miles de otras personas que luchan contra esa misma enfermedad.

Esa es una historia increíble, inspiradora de muchas maneras, pero sobre todo, porque Allison es un ejemplo maravilloso de alguien que se negó a dejar que sus circunstancias le dictaran en lo que ella se convertiría. Ella comprendió que si bien no podía controlar todo, sí podía controlar cómo avanzaba y cómo respondía a los obstáculos que encontrara en su camino. Se negó a verse a sí misma como una víctima indefensa de la mala suerte y decidió dar todo de sí y apostar fuerte con las cartas que recibió en el juego de la vida.

Allison Toepperwein asumió completa y total responsabilidad sobre su vida. La suya es una lección de la cual todos podemos aprender. De hecho, ese es nuestro tercer principio de valentía: **siempre en control**. En otras palabras: deja de jugar la carta de víctima.

DEJA DE JUGAR LA CARTA DE VÍCTIMA

No nos gusta pensar en nosotros mismos como víctimas. Después de todo, esa es una palabra bastante fuerte y con muchas connotaciones negativas. Las víctimas son débiles. Las víctimas son lloronas. Las víctimas están atrapadas siendo, bueno, *víctimas*.

Y sin embargo, muy a menudo, jugamos la carta de víctimas *sin siquiera darnos cuenta*. Esos análisis que hemos hecho sobre por qué no podemos tener éxito, por qué no podemos perseguir nuestras metas y sueños o por qué no podemos lograr las cosas que realmente queremos hacer, son sentencias que están tan a nuestro alcance, un recurso tan frecuente de nuestra narrativa interna, que salen de nuestros labios desde antes que nosotros mismos nos demos cuenta de lo que estamos diciendo. Son una parte tan importante de nuestra historia que ni siquiera reconocemos que estamos inventando excusas. En la investigación para este libro, mi equipo les preguntó a los encuestados: "¿Qué crees que se interpone en el camino para lograr tus sueños o tus metas?".

Aquí hay algunas de las respuestas más comunes:

- "Sentirme culpable por no pasar tiempo con mi familia".

- "Demasiadas otras obligaciones importantes".

- "Dinero y oportunidad. El momento tiene que ser el indicado".

- "Nuestra familia lucha con la seguridad financiera".

- "Tengo que trabajar de tiempo completo para mantener la cobertura de mi seguro médico".

- "Otros miembros de la familia, amigos, la sociedad y mi trabajo".

- "La falta de finanzas y de tiempo".

- "En este momento, mi esposo está enfrentando ciertos obstáculos".

- "Mi falta de energía debido a una discapacidad que tengo".

- "Mi falta de tiempo. Necesito más educación".

- "Demasiada comida desbalanceada en la casa y no hay suficiente tiempo para hacer ejercicio".

- "Mi situación familiar actual, mi falta de dinero y de sueño".

- "Problemas de salud nuevos y recurrentes".

- "Mi esposo falleció hace seis meses. Él era parte de mis metas y sueños. Supongo que estoy deprimida y tengo problemas de salud".

- "Mi baja autoestima, se debe a un cónyuge que no me apoya, demasiadas cuentas por pagar".

Más del 10% de nuestros encuestados mencionó que el dinero o los problemas financieros son el aspecto más importante que los detiene; el 10% culpó a su familia o a su cónyuge; otro 10% culpó a la falta de tiempo y otro 5% citó problemas de salud, sobrepeso o falta de energía en general.

Por encima, la mayoría de esas razones suena perfectamente legítima. Después de todo, ¿quién podría culpar por no ir en pos de sus metas y sueños a alguien que está lidiando con un problema de salud o con una discapacidad? ¿Cómo hace alguien que enfrenta serias dificultades financieras para pensar en sus más altos ideales? ¿Cómo una persona sueña en grande cuando está enfrentando problemas familiares cruciales?

Esos son problemas *reales*. Dificultades *reales*. Obstáculos *genuinos*. Sin embargo, una buena excusa sigue siendo solo eso: una excusa.

Y mientras estés buscando una razón para no hacer lo que tienes que hacer, encontrarás una y muchas excusas, pues estas vienen en un suministro ilimitado para todos. Sí, algunas personas reciben una mano de cartas pésima. Y sí, a veces la vida no es justa. Pero quejarse y quejarse de eso no cambiará nada y te garantizo que hay muchas personas cuya situación es peor que la tuya.

Por otro lado, no tienes que mirar mucho para ver que el mundo está lleno de personas inspiradoras que derrotaron circunstancias bastante adversas y superaron adversidades extremas con tal de lograr cosas increíbles.

Oprah Winfrey nació de una madre soltera, adolescente y de origen humilde en la zona rural de Mississippi. Abusada y descuidada de niña, Oprah dio a luz a los 14 años, pero su bebé murió poco después de su nacimiento. Contra todo pronóstico, recibió una beca completa para ir a la universidad, pero luego fue despedida de su primer trabajo y le dijeron que nunca llegaría a ser periodista.

J. K. Rowling era una madre soltera casi en quiebra cuando escribió el primer borrador de *Harry Potter y la piedra filosofal*. Luchaba por llegar a fin de mes al mismo tiempo que trabajaba para hacer realidad esta gran idea. Cuando al fin lo terminó, el libro fue rechazado 12 veces por los editores antes de que uno decidiera darle una oportunidad. Fue así como este se convirtió en el libro infantil más vendido de todos los tiempos.

Bethany Hamilton iba en la vía rápida hacia el estrellato en el deporte de surfeo cuando le sucedió lo impensable: perdió un brazo en un ataque de un tiburón y casi muere. Si bien la mayoría de los adolescentes se habría rendido ante una lesión tan abrumadora, Bethany no se rindió. Decidió volver a aprender a surfear hasta que ganó varios campeonatos profesionales.

Kris Carr estaba viviendo la vida de sus sueños siendo una joven, bella y exitosa ejecutiva de mercadotecnia cuando le diagnosticaron un cáncer en etapa IV y le dieron un pronóstico de muerte. En lugar de aceptar su diagnóstico en silencio, buscó la segunda, tercera y cuarta opinión de los médicos antes de decidir cambiar 100% su estilo de vida, adoptar una dieta vegana y buscar tratamientos holísticos. Ahora, 15 años después, se siente más sana que nunca.

Lo único que todas estas personas inspiradoras tienen en común es que se negaron a dejar que sus circunstancias dictaran en quién ellas se convertirían. Reconocieron que si bien no era posible controlarlo todo, sí controlarían cómo avanzar y responder a los obstáculos que surgieran en su camino.

Nada de lo que hicieron fue milagroso. No poseían ninguna superpotencia. Eran simples personas comunes y corrientes que tomaron la decisión de dejar de ser víctimas.

DEJA DE ESPERAR A SER RESCATADO

Vivimos en una cultura que idolatra a los héroes por sus audaces rescates y sus dramáticas salvadas. De hecho, la idea del héroe está tan arraigada en nuestro pensamiento que es difícil imaginar una historia sin uno. El héroe es el *quid* de cada cuento de hadas.

La damisela en apuros tiene un príncipe guapo que viene en su ayuda. Cenicienta tiene su hada madrina. Hasta Aladino tiene un genio que le concede sus deseos.

Toda gran historia necesita un héroe. ¿Correcto?

Si bien es de ellos de lo que están hechos los cuentos de hadas, la necesidad de un héroe y el deseo de ser rescatados son ideas que también impregnan nuestra vida cotidiana. ¿Alguna vez has deseado notoriedad? O, mejor aún, ¿has querido que te saquen milagrosamente de tu estado actual y te dejen caer en uno mejor?

Quizás, habrás deseado que tu jefe reconozca tu esfuerzo y te brinde el ascenso laboral que estás esperando. O que tal vez, tu padre o un amigo te ofrezcan orientación o asistencia sobre cómo organizarte mejor y seguir adelante o que, simplemente, vean que estás necesitando un poco de ayuda en el camino. Tal vez, esperas muy en secreto que te descubran por un talento que aún no has compartido con el mundo. O tal vez, quieras que alguien —un terapeuta, un pastor, un entrenador de vida, *quienquiera* que sea— te muestre el camino.

¿No sería bueno si pudiéramos encontrar a alguien que nos salvara de nosotros mismos?

Pero este es el problema de esperar a ser rescatados: ¡la vida no funciona de esa manera! La mayoría de las veces, las personas que nos rodean están demasiado ocupadas tratando de mantenerse al día con su propia vida ocupada, caótica y frustrante como para preocuparse por salvarte a ti de la tuya. ¡Y en última instancia, eso hace que esperar hasta ser rescatado sea solo otra excusa! El hecho de jugar a la víctima, a decirnos a nosotros mismos que no podemos hacer algo, porque no tenemos a nadie que nos ayude en el camino es solo una gran mentira más.

Tú no necesitas un héroe. ¡Tú *no* eres una damisela en apuros!

Esperar a ser rescatado no te llevará a ninguna parte. ¿Quieres ese ascenso en tu trabajo? Haz lo necesario para merecerlo y luego, pídelo. ¿Te sientes atrapado? Comienza a hacer algo —cualquier cosa— de manera diferente y toma las medidas necesarias para aclarar tu mente y seguir adelante hacia tus metas. ¿Tienes un talento que quieres cultivar? Entonces, cultívalo y triunfa. Haz un video de demostración. Escribe ese libro que tanto anhelas escribir. Contrata un agente. Sal y consíguelo. Recuerda que la acción es el antídoto contra el miedo y que, al final de cuentas, el único que te detiene eres *tú*.

Porque ¿adivina qué? ¡Tú eres el héroe de tu propia historia!

RETOMA EL CONTROL

"¡No es mi culpa!".

Déjame decirte que si recibiera $1 dólar por cada vez que mis hijas dijeran esas cuatro palabras, ¡sería una mamá muy rica! Porque, como mínimo, una vez al día —y casi siempre, muchísimas más— necesito tener con ellas alguna especie de conversación sobre lo que significa asumir nuestra responsabilidad y ser conscientes de que todas nuestras acciones tienen consecuencias y que si bien no siempre podemos controlar lo que les suceda a otras personas, ni lo que ellas hagan, sí podemos controlar cómo respondemos nosotros.

Como madre, hay ocasiones en que me siento como un disco rayado y me pregunto si en algún momento ellas conseguirán entender y aplicar las enseñanzas que trato de impartirles. Si tienes hijos, lo más probable es que me entiendas y te identifiques conmigo. Sin embargo, siendo sinceros, asumir el 100% de responsabilidad de todo lo que suceda en nuestra vida es una lección bastante difícil para muchos de nosotros.

Después de todo, es nuestra naturaleza humana querer culpar a otras personas o a nuestras circunstancias cuando las cosas van mal o cuando no cumplimos con nuestros objetivos y expectativas. Nuestra primera inclinación es quejarnos de cómo nos trataron, de las distintas formas poco exitosas en que nos salieron las cartas de la baraja (tratos injustos, circunstancias trágicas, falta de dinero) y sacar excusas, justificaciones y racionalizaciones, una tras otra.

Es mucho más fácil señalar con el dedo circunstancias externas que reconocer nuestras propias deficiencias. También es más fácil rendirnos cuando las cosas se ponen difíciles, sobre todo, cuando encontramos una excusa perfectamente legítima para no seguir adelante. ¿Quién podría culparnos por querer tirar la toalla?

Pero esa es precisamente la razón por la cual es un acto de valentía asumir la responsabilidad de cómo respondemos a todo lo que nos sucede. Necesitamos ponerles fin a las excusas y negarnos a echarles la culpa de circunstancias adversas, a alguien que nos ha lastimado, a las cosas terribles que nos han sucedido, al hecho de sufrir una perdida, la muerte de un ser querido, una enfermedad, una tragedia, una quiebra, la pérdida de un trabajo o el hecho de estar permanentemente discapacitados.

Y no solo eso. También es necesario tomar la decisión diaria de aceptar la responsabilidad de nuestras decisiones sin buscar algo, ni a alguien a quien culpar. Es cuestión de reconocer la simple verdad de que, sean cuales sean nuestras circunstancias, todos y cada uno de nosotros tenemos el control de la forma en que respondemos a cada situación día tras día.

¿Recuerdas el concepto de cambio de control del Capítulo 6? En su libro *Smarter, Faster, Better*, Charles Duhigg habla sobre la importancia de este concepto cuando se trata de hacer las cosas y lograr nuestros objetivos. Además, explica la diferencia entre tener un centro de control interno (creer que tenemos el control de nuestras propias elecciones) y un centro de control externo (creer que nuestras elecciones están fuera de nuestro control), siendo conscientes del impacto que tiene esta diferencia en nuestra vida.

No es sorprendente que las personas que tienen un centro de control interno estén mucho más motivadas y sean más productivas y exitosas en la vida. Entonces, motivarte más es, a menudo, solo cuestión de asumir la responsabilidad de tus elecciones. Como explica Duhigg: "Para enseñarnos a nosotros mismos a motivarnos más fácilmente, necesitamos ver nuestras elecciones no solo como expresiones de control, sino también como afirmaciones de nuestros valores y objetivos"[2].

Duhigg continúa explicando cómo los residentes de hogares de ancianos que "se rebelan" y desafían las reglas estrictas y los horarios rígidos en realidad lo hacen mucho mejor, tanto a nivel mental como físico, que los residentes que, simplemente, cumplen con todo. Como seres humanos, estamos hechos para tomar decisiones y ejercer control sobre nuestro entorno.

Y aunque te parezca aterrador, esta idea de asumir completa y total responsabilidad sobre tu vida y tus circunstancias es increíblemente liberadora. Cuando tomas control, no tienes que preocuparte por lo que te suceda, de cómo te traten los demás, ni de qué obstáculos encontrarás, porque en última instancia, tú tienes el control. Bueno, no me malinterpretes, habrá obstáculos en el camino, enfrentarás dificultades y cometerás errores. Tendrás tropiezos y equivocaciones y habrá quienes te tratarán injustamente, pero no importará, porque ya no eres una víctima de tus circunstancias, sino que tienes el control total de cómo eliges responder.

En su libro *Extreme Ownership*, los exmarinos de Navy Seals, Jocko Willin y Leif Babin, explican en detalle lo que es y significa este concepto de aceptar la responsabilidad total y, muy especialmente, su importancia en el liderazgo. A partir de su experiencia de combate, ellos escriben:

"Como individuos, a menudo, les atribuimos el éxito de los demás a la suerte o a las circunstancias y nos excusamos por nuestros propios fracasos y los fracasos de nuestro equipo. Culpamos de nuestro mal desempeño a la mala suerte, a las circunstancias fuera de nuestro control o a nuestros subordinados cuyo desempeño es deficiente; a cualquiera, menos a nosotros mismos. La responsabilidad total por el fracaso es difícil de aceptar. Tomar control cuando las cosas van mal requiere de humildad y valentía extraordinarias. Pero hacerlo es una necesidad absoluta para aprender, crecer como líder y mejorar el rendimiento de un equipo"[3].

De hecho, tomar la decisión de estar siempre en control pase lo que pase y asumir toda la responsabilidad por lo que sea que la vida te presente puede ser lo más valiente que hagas.

Porque no nos equivoquemos, esa actitud lo cambia todo.

Ya no tendrás a quién culpar excepto a ti mismo. Tendrás que dejar a un lado tu actitud de víctima y evitar que las excusas se interpongan en tu camino. También tendrás que dejar de esperar a que alguien más te muestre el camino. Deberás elegir ser tu propio héroe. Y no será fácil, pero será increíblemente enriquecedor.

Ten siempre el control total de todas las elecciones que hagas.

Capítulo 11

Acepta comentarios honestos
Porque todos necesitamos
rendir cuentas

"Un grupo de personas que no se hace responsable ante nadie no debe ser confiable para nadie".

Thomas Paine, autor del libro *Derechos del hombre*

No hace mucho, me topé con otra de esas noticias que anuncian el escandaloso divorcio de un autor bastante destacado, orador, motivador, que ha construido una carrera sobresaliente y exitosa enseñando a otros cómo tener una buena vida. Si bien el artículo fue escrito para sorprender, lo cierto es que no fue tan sorprendente. Después de todo, ya es una historia demasiado repetida. Un rápido ascenso a la fama y la fortuna, el prestigio y el poder, la adulación y la adoración de los fanáticos, seguida de una caída apabullante, ya sea debido a abuso de drogas, infidelidad conyugal, gasto excesivo o, simple y llanamente, a un montón de malas decisiones. Desde celebridades a pastores de megaiglesias, políticos a deportistas, empresarios a magnates de negocios, lo cierto es que no faltan las historias trágicas acerca de ellos.

Pero si observas con detenimiento, sin importar cuán diferentes sean todas y cada una de estas personas, la mayoría de sus historias contiene un común denominador: una grave falta de rendición de cuentas.

Por lo general, las celebridades, los políticos y otras personas con poder, dinero o fama que se encuentran fuera de control son todos aquellos que se han rodeado de "su gente" —aduladores y sanguijuelas que les dicen lo que ellos quieren escuchar, pero no con las mejores intenciones—. Como resultado, estas celebridades pierden cada vez más el contacto con la realidad. Empiezan a creer en su propio mundo y es innegable que las malas decisiones se toman cuando no está de por medio la voz de la razón o cuando esta es ignorada o silenciada —cuando no se tienen en cuenta otros puntos de vista, ni consejos de ninguna clase—. Las malas decisiones suceden cuando, de un momento a otro, una persona tiene rienda suelta para hacer lo que sea y cuando sea. El poder absoluto corrompe por completo.

Es como cuando un niño no escucha nada más que elogios y nunca se le dice que no a nada. Así, no le toma mucho tiempo convertirse en un mocoso malcriado y egoísta. Por eso, todos necesitamos algún tipo de responsabilidad y rendición de cuentas.

En 2015, Lara y Roger Griffiths se sorprendieron al descubrir que habían ganado un premio mayor de lotería de casi $3 millones de dólares[4]. Ahí mismo, se dieron a la tarea de gastárselos. Primero, compraron la casa de sus sueños y un Porsche y un Lexus SUV; luego, inscribieron a sus dos hijas en una costosa escuela privada. Después, compraron un spa para que Lara lo administrara. Y además, se fueron de vacaciones de lujo y se dedicaron a coleccionar jeans y bolsos de diseñadores famosos.

Pero lo que no hicieron fue sentarse y conversar, ponerse de acuerdo y ver si hacían alguna especie de plan para invertir su dinero, juntos. Tampoco buscaron consejos de asesores acreditados. Lo que hicieron fue que Roger le dijo a Lara que él podía "administrar" esa fortuna y Lara, sin ningún concepto real de cuánto tenían, simplemente, gastó y gastó.

En seis años, no tenían un solo dólar. Y no solo eso, sino que estaban escandalosamente endeudados. Su matrimonio se vino abajo. Perdieron su hogar, los autos y todo lo demás.

El hecho es que los Griffiths no son los únicos que hacen esas cosas. Se estima que el 70% de los ganadores de la lotería se declara en bancarrota al cabo de los cinco años de recibir sus gigantescas e inesperadas fortunas, en gran parte, porque pierden contacto con la realidad y comienzan a pensar que son invencibles[5]. Y aunque lo mejor sería confiar en un tercero, bien sea un asesor o un abogado financiero acreditado que les ayude a administrar su dinero inesperado, muy pocos ganadores de lotería lo hacen.

A falta de límites, los seres humanos somos, ante todo, defectuosos y predispuestos ¡a tomar decisiones bastante estúpidas! Si bien es fácil emitir juicios sobre las celebridades que se estrellan y fracasan, los políticos que son derribados por escándalos o los ganadores de la lotería que se quiebran, la realidad es que, ninguno de nosotros es 100% inmune a la seducción del dinero, el poder, la gloria y la adulación, sin mencionar la tentación de la pereza, la tendencia a tomar malas decisiones y sucumbir a nuestros vicios.

¡Y es por eso que *necesitamos* rendir cuentas con respecto a nuestra vida! Necesitamos personas que nos digan la verdad, nos confronten y sean capaces de decirnos que no cuando no estamos haciendo las cosas bien; personas que nos amen lo suficiente como para llamarnos la atención cuando vamos por mal camino y que se preocupen lo suficiente como para confrontarnos sin miedo alguno. Necesitamos personas en las cuales confiar lo suficiente como para que nos brinden comentarios honestos y a quienes también podamos confiarles nuestras preocupaciones.

No siempre es fácil aceptar cosas que no queremos escuchar —verdades duras, críticas constructivas y puntos de vista distintos a los nuestros—. Tampoco queremos tratar con alguien que nos diga que podríamos estar cometiendo un error, porque está mirando nuestro problema desde el ángulo incorrecto o formándose una opinión basada en información insuficiente.

Esa es justo la razón por la cual la verdadera rendición de cuentas —aceptar comentarios honestos y estar dispuestos a seguirlos— es un acto de valentía. Rendir cuentas significa volverse vulnerable y admitir que es posible que no tengamos todas las respuestas. Requiere estar abiertos a discusiones, a veces, acaloradas; a ideas que no son las nuestras. Significa actuar basados en un sabio consejo que quizás, inicialmente, entró en conflicto con nuestras opiniones y deseos. Rendir cuentas exige humildad y confianza.

LA BASE DE LA CONFIANZA

Soy una gran admiradora del test de personalidad de Strengths Finder. En mi empresa, exigimos que todos los candidatos a empleados lo tomen como parte del proceso de solicitud y trabajamos activamente para asegurarnos de que los miembros del equipo tengan la oportunidad de trabajar en sus fortalezas. Estoy tan obsesionada con sus resultados que hice que también mis hijas tomaran la versión para niños de este test. Luego, después de mucho suplicarle y suplicarle, convencí a mi esposo para que lo tomara con el fin de que pudiéramos leer juntos el libro *Strengths Based Marriage* [6].

No fue ninguna sorpresa para ninguno de nosotros que, con excepción de una fortaleza que tuvimos en común —estrategia—, sus 10 fortalezas principales fueran mis 10 fortalezas inferiores y viceversa.

Somos tan opuestos como dos opuestos pueden ser.

Y aunque ya lo sabíamos —sería difícil no saberlo—, descubrir nuestras fortalezas en nuestra personalidad y en nuestro matrimonio fue bastante útil. Nos dimos cuenta de que nuestras peleas recurrentes más fuertes como pareja suelen estar relacionadas con el hecho de que mi fortaleza inferior, la adaptabilidad, es su principal fortaleza. ¿Y por qué es por lo que más peleamos? Por el hecho de que yo siempre quiero tener un plan ¡y él nunca quiere hacerlo! ¡Nos sacamos de quicio el uno al otro!

Lo cierto es que, hasta que hicimos la conexión de que esta fortaleza en particular (o falta de ella) era una parte intrínseca de nuestra respectiva personalidad, ambos pensamos que el otro estaba *tratando* de molestarnos. Chuck pensaba que yo estaba tratando de molestarlo deliberadamente con mi necesidad constante de hacer un plan y yo suponía que él solo estaba siendo un imbécil al resistirse.

¡Resultó que ninguno de nosotros lo hacía a propósito! Y aunque no diré que ya no peleamos por ese tema, nuestro conflicto en esa área se ha reducido de manera considerable. Ahora, yo soy más sensible al hecho de que Chuck solo necesita ir con la corriente y él se da cuenta de que, sin un plan, yo me siento perdida.

Tomarnos el tiempo para aprender esto el uno del otro nos ayudó a construir una base más profunda de confianza —algo que es esencial en cualquier relación—. Si no confiara en el hecho de que mi esposo me ama incondicionalmente y que siempre me apoyará, pase lo que pase, sería fácil suponer que, cada vez que él hace algo que me parece molesto o que me cuestiona o me desafía con una idea, lo está haciendo por animadversión o para presionarme o porque tiene algún secreto y siniestro motivo para hacerlo.

La confianza es la base de cada matrimonio exitoso, de cada buena amistad o sociedad de rendición de cuentas. Sin ella no hay nada. Es una cáscara vacía de superficialidad. Una asociación transaccional basada solo en lo que cada parte quiere obtener; un intercambio mutuo de bromas y tópicos, pero nada más.

Entonces, para confiar, debes estar dispuesto a ser vulnerable, bajar la guardia y dejar que la otra persona vea tu verdadero yo —la versión peculiar, defectuosa, desordenada y menos que perfecta de ti que, por lo general, intentas mantenerte oculta—. Tienes que ser honesto con tus pensamientos, esperanzas y sueños, así como con tus miedos, frustraciones e inseguridades. Además, también debes estar dispuesto a ver y aceptar ese lado siniestro de la otra persona.

Mi esposo ve lo peor de mí: mi mal humor y mi síndrome premenstrual; mis monstruos cuando algo no sale según lo planeado; mi impaciencia con mis hijas y con él; mi dificultad para esperar y, bueno, casi todo; mi súbita y total ira irracional cuando tengo hambre; mi naturaleza obsesiva; mi tendencia a inventar canciones tontas que no tienen melodía y un millón de otras cositas que me daría mucha vergüenza compartir.

Y aunque mi esposo y yo, siendo tan opuestos como somos, tenemos momentos en que nos desesperamos en el uno al otro, también nos hacemos mejores el uno al otro. Él es el encargado de afilar mi espada y yo la suya.

También soy afortunada de contar con un puñado de amigos que me conocen bastante bien —personas a las que conozco y me respaldan no importa qué y por quienes, literalmente, yo caminaría sobre el fuego.

Esa es *mi gente* —todos aquellos en quienes confío que me lo dirán cuando esté siendo una idiota o mi ego se haya vuelto demasiado grande. Ellos me lo dirán de manera directa y con amor, pase lo que pase. *Necesito* esa perspectiva para mantenerme con los pies en la tierra.

Todos la necesitamos.

FOMENTANDO EL CONFLICTO

Una vez al año, todo mi equipo viene a la sede de nuestra compañía en Florida para nuestra reunión anual de planificación y para nuestro retiro en equipo. Ese es el momento de unirnos como equipo, de resolver problemas y soñar con el futuro. Siendo una empresa, en su mayoría, en línea, cuyos empleados trabajan de forma remota, hemos encontrado que este tiempo cara a cara no tiene precio.

Mi equipo es increíble. Sé que mucha gente dice lo mismo, pero en este caso, es más que cierto. No hay una sola persona que no dé el 100% de sí misma todos los días. Todos aman nuestra compañía, viven motivados con el trabajo que hacemos y no podrían estar *más involucrados*. A diario, me levanto agradecida de poder trabajar con este grupo particular de personas.

El año pasado, durante la preparación para nuestro retiro, le pedí a cada miembro del equipo que leyera el libro de Patrick Lencioni, *The Five Dysfunctions of a Team*[7]. Dicho en formato de parábola, el libro muestra cinco comportamientos grupales que siempre impedirán que un equipo se desempeñe al máximo.

Lo leí a principios de año y lo que leí me preocupó, porque hasta ese momento, no había pensado ni siquiera un momento que nuestro equipo fuera disfuncional. Hasta ahora, me parecía que todos nos llevábamos bien, que nos divertíamos en el trabajo, incluso cuando estamos trabajando muy duro. Pensaba que cada miembro de nuestro equipo era tan positivo *todo el tiempo* que hasta resultaba casi molesto.

Pero ese era justo el problema. Que había cero conflictos entre nosotros.

En nuestra empresa, cada nueva idea e iniciativa era acogida y aclamada. Todo eran buenos estímulos, positividad calurosa y "¡gran trabajo!". Éramos muy, muy buenos para ser amables, mostrar aprecio, colmarnos de elogios y cumplidos, celebrar nuestros cumpleaños y aniversarios y también victorias de la compañía y un trabajo bien hecho.

Y aunque todo esto hace parecer que tenemos un lugar maravilloso para trabajar, y así es, también resultaba problemático. Verás, en nuestro afán de llevarnos bien y ser siempre positivos, nadie estaba luchando por tener mejores ideas, ni se atrevía a hablar cuando notaba que algo andaba mal. Nuestra falta de conflicto nos estaba volviendo complacientes e incluso afectando la calidad de nuestro trabajo.

Como equipo, nos dimos cuenta de que alentar el hecho de que surgieran conflictos constructivos y responsabilizarnos mutuamente eran dos aspectos del negocio en los que necesitábamos trabajar bastante, así que, durante el año pasado, eso fue lo que hicimos.

Ahora, las reuniones tienen mucho más sentido, ya que los miembros del equipo están cada vez más dispuestos a decir lo que piensan, a compartir sus opiniones, a luchar a favor o en contra de alguna idea en particular e incluso a llamarse unos a otros cuando sea necesario. Todavía hay *mucho* positivismo, pero ahora celebramos y propiciamos esos momentos constructivos de conflicto. De hecho, cuando todos estamos de acuerdo, lo que aún sucede con frecuencia es que les pedimos a uno o dos de nuestros miembros que hagan de abogados del diablo solo para crear un conflicto más constructivo y estar 100% seguros de que estamos escuchando y teniendo en cuenta a todas las partes.

A veces, es necesario que haya un poco de conflicto y controversia, y no solo cuando se trata de equipos. Hace poco, mis hermanos y yo lo descubrimos al tratar temas relacionados con el cuidado y las finanzas de nuestra madre. Teníamos algunas fuertes diferencias de opinión sobre el mejor curso de acción y necesitábamos ese conflicto constructivo para sacar de allí las mejores decisiones posibles.

¿Y sabes qué? Fue difícil. Realmente, difícil. Tuvimos que intercambiar algunas palabras muy duras y expresar muchos sentimientos heridos. Descubrimos cuán arraigados estaban en el pasado nuestros conflictos, y aunque sé que todos tenemos los mejores intereses en el bienestar de nuestra madre, tuvimos que confrontarnos unos a otros con tal de lograr acordar los pasos que debíamos tomar al respecto. Todavía no lo hemos resuelto todo, pero tengo fe en que ya llegará el momento, porque todos nos preocupamos sentidamente por ella y por los demás, así que sé que trabajaremos en el conflicto y saldremos al otro lado.

Es importante escuchar otros puntos de vista incluso cuando no estamos de acuerdo con ellos. Escuchar los pensamientos de alguien que no está de acuerdo con nosotros nos obliga a solidificar nuestras propias creencias. Y luchando en aras de mejorar las cosas obtendremos los mejores resultados.

Así que no le temas al conflicto. Más bien, acepta los comentarios honestos. Recuerda que todos necesitamos tomar responsabilidad y hacer una buena rendición de cuentas.

Capítulo 12

No hay errores, solo lecciones

Porque cada error conduce a un gran avance

"No he fallado. ¡Solo acabo de encontrar 10.000 formas que no funcionarán!"

Thomas Edison

A veces, siento que toda mi vida ha sido una serie de equivocaciones. A los 17 años, abandoné la escuela secundaria para convertirme en una estudiante de intercambio en los Países Bajos, porque no soportaba la idea de vivir en casa un año más. Antes, nadie de la escuela secundaria de mi pequeño pueblo había sido estudiante de intercambio, así que mi escuela local se negó a aceptar los créditos de mi escuela holandesa y emitir mi diploma. Y, a pesar de que nunca me gradué de la escuela secundaria, gracias a alguna extraña potestad, fui aceptada en la universidad aunque, más adelante, terminé abandonando mis estudios universitarios.

A los 20 años, me casé con un chico a quien yo le gustaba, pero a quien yo no amaba y terminé divorciada a los 22. Entonces, toqué fondo e intenté suicidarme varias veces y pasé más de dos años entrando y saliendo de hospitales psiquiátricos, como ya dije antes. Durante ese tiempo, descuidé por completo mis finanzas lo cual me llevó a declararme en bancarrota.

Con 24 años y otra vez soltera, me enamoré de un chico con quien estuve durante nueve dolorosos meses y luego con otro que terminó siendo el más astuto de los mentirosos, hecho que descubrí solo hasta cuando un día me hizo salir de un restaurante por la puerta de atrás para que su "verdadera" novia no lo agarrara conmigo. A los 25, por fin, recuperé mi vida, terminé la universidad y me esforcé mucho para tomar el examen GMAT y el LSAT y ser aceptada en un programa JD/MBA de doble titulación en la Universidad de Washington en St. Louis. Luego, me desarraigué de toda mi vida pasada, viajé por todo el país y compré una casa, solo para abandonar el programa ocho meses después.

Con poco menos de 30 años, acepté un trabajo como administradora de un spa al borde del fracaso, uno que, literalmente, estaba derrochando dinero y perdiendo $50.000 dólares al mes cuando yo lo recibí con la delirante idea de que, de alguna manera, lograría sacarlo adelante. Luego, pasé casi dos años vertiendo cada onza de mi sangre, mi sudor y mis lágrimas para arreglarlo, solo para terminar fracasando. Cuando llegué a los 33 años, era una madre inquieta que se quedaba en casa y pasaba la mayor parte del tiempo libre (que era mucho) comprando en Target, tanto así, que mi esposo y yo peleábamos bastante por el dinero y por mis malos hábitos en los gastos. Y, a decir verdad, no estaba bastante segura de si lograríamos estar juntos por mucho tiempo.

Y aunque a mis 40 me gustaría fingir que todos esos errores están en el pasado y que desde que comencé mi negocio me las arreglé de una forma y otra para resolver mi vida, la verdad es que sigo haciendo movimientos descabellados casi todos los días. He invertido mi tiempo y dinero en proyectos que han fracasado. He confiado en las personas equivocadas y he hecho más malas contrataciones de personal de las que estaría dispuesta a contar. He buscado a otras personas que me den las respuestas o me muestren el camino solo para descubrir que ellas tampoco tienen ni la más remota idea de lo que están haciendo. He tomado algunas decisiones realmente equivocadas, decisiones que, en retrospectiva, desearía regresar el tiempo y cambiarlas.

Cuando miro hacia atrás, puedo ver con total claridad que gran parte de mi vida ha sido una serie de malos movimientos, de giros equivocados y grandes errores. Y, sin embargo, de lo que me he dado cuenta a lo largo del camino es que no hay errores, solo lecciones. De alguna manera, cada giro equivocado me ha llevado a donde estoy ahora. Cada paso en falso me ha ido conduciendo al que se convirtió en el paso correcto. Y tengo fe en que los momentos difíciles actuales de mi vida serán las lecciones futuras por las que siempre estaré agradecida.

Porque resulta que mi año como estudiante de intercambio fue uno de los mejores años de toda mi vida. Amplió mi visión del mundo, pues hasta ese momento, había sido bastante pequeña. Viajé por Europa, experimenté la independencia y aprendí holandés con fluidez. Y aunque nunca me gradué de la escuela secundaria, me las ingenié para hacerme entender en cuatro idiomas y recibí 16 créditos universitarios. Mi primer matrimonio, aunque fue un fracaso absoluto, me enseñó mucho sobre lo que el matrimonio *no debe* ser. En retrospectiva, acepté la responsabilidad de cómo me he fallado a mí misma, a mi esposo y a su familia y reconocí mi falta de humildad y todas las cosas que tendría que hacer de manera diferente en el futuro. Entendí que, si volvía a casarme alguna vez, sería por las razones correctas, con la persona correcta y para toda la vida.

La declaración de bancarrota fue tan humillante que juré que nunca volvería a quedar atrapada en medio de una situación financiera que me dejara con tan pocas opciones. Me di cuenta de que la forma de controlar mi propio destino era ganando suficiente dinero para así tener mayores opciones.

El tiempo que pasé luchando contra la depresión me enseñó mucho acerca de las personas y de mí misma, pero lo más importante es que, no interesa cuán mal se pongan las cosas, siempre hay una salida y, una vez tocas fondo, no hay otro lugar a donde ir, sino hacia arriba.

Incluso mis trágicas citas tuvieron un lado positivo. Si no hubiera estado tan angustiada ante el hecho de sentirme con el corazón roto en mil pedazos, nunca me habría enamorado de aquel mentiroso que supo decirme todas las cosas que yo quería oír. Y si no lo hubiera conocido a él, tampoco habría conocido a su compañero de trabajo y de vivienda, Chuck, quien resultó ser "el hombre indicado" en mi vida. En pocas palabras, 1 perro, 2 niños, 6 viajes a campo traviesa, 15 años y 17 direcciones más tarde, seguimos juntos y fortalecidos. (¡Y no, ellos dos ya no son amigos!).

Dejar la escuela de leyes y renunciar al único objetivo realmente *importante* que había tenido hasta ese momento fue lo más aterrador que he hecho hasta el momento. También fue lo más liberador, pues me enseñó que, sin importar qué, siempre tenía una opción, y creo que esa era una lección de vida a la que me había estado resistiendo. Me tomó un tiempo darme cuenta de lo que en realidad quería hacer con mi vida y todavía seguía atrapada con $30.000 dólares en préstamos estudiantiles por pagar, pero nunca me arrepentí de haberme alejado de la facultad de derecho.

Dirigir el spa fue un curso intensivo en la administración de un negocio y, cuando miro hacia atrás, veo que las lecciones que aprendí en ese cargo han seguido pagando dividendos una y otra vez en el negocio que ahora dirijo. Aprendí a liderar un gran equipo y a navegar por una variedad de personalidades y estilos. Entendí cómo hacer para administrar las ganancias y las pérdidas, cómo ser una mejor vendedora, cómo vender, cómo establecer contactos y qué significa brindarle un servicio excepcional al cliente. Mi hábito de ir a Target y mi desesperada necesidad de encontrar un nuevo pasatiempo antes de que mis gastos destruyeran mi matrimonio fue lo que, en últimas, me llevó a comenzar a escribir ese blog llamado *Living Well Spending Less*, un proyecto de pasión personal que terminó convirtiéndose en el hecho cumplido de mi sueño de tener un negocio en el que todos los días sigo descubriendo que las mejores lecciones casi siempre provienen de mis mayores errores. Aprender qué no hacer y qué no funciona me ayuda a averiguar qué funciona y qué no.

Porque al final, **no hay errores, solo lecciones** —nuestro siguiente principio de valentía.

CAMBIA TU PERCEPCIÓN

¿Qué significaría para ti dejar de tenerle miedo a la posibilidad de cometer un error? ¿Alguna vez has pensado en eso? ¿Cómo sería replantear cada experiencia que has tenido desde la perspectiva de lo que aprendiste en lugar de cuando y como te equivocaste? ¿Qué pasaría si pudieras convencerte a ti mismo y creer real, realmente, desde el fondo de tu corazón, que *no existe tal cosa llamada error?*

¿Qué tan liberador sería eso?

La cuestión es que, en la vida (y en los negocios) es fácil desear una jornada tranquila. ¿No sería bueno que las cosas siempre salieran bien? ¿Si siempre obtuviéramos todo lo que quisiéramos? ¿Si la vida no fuera más que sol y rosas y unicornios todo el tiempo? ¿Y si todo lo que tocáramos se convirtiera en oro? Creo que, en el fondo, todos sabemos que esa no es la forma en que funciona la vida. Sin embargo, sí hay algo de lo que es casi seguro que no nos damos cuenta: desear una jornada tranquila es contraproducente para construir la vida que amamos.

¿Por qué surgen esos baches en el camino? ¡Porque a través de ellos aprendemos todas las cosas buenas! En la vida y los negocios, te garantizo que siempre aprenderás más de los errores que cometas que de ninguna otra cosa. Ten la certeza de que en cada error o paso en falso siempre hay una oportunidad de oro para crecer y mejorar.

Sé que no es divertido cometer errores, ni que las cosas salgan mal, pero tampoco querrás que el miedo al fracaso sea lo que te detenga de intentar y probar cosas nuevas. Porque, como he dicho antes, los errores y las fallas son un tipo diferente de victoria. ¡Y eso es genial, porque significa que, incluso cuando pierdes, ganas!

UN DESTINO PEOR QUE EL FRACASO

Es fácil convencernos a nosotros mismos de que cometer un error es lo más terrible que podría sucedernos. Evitamos correr riesgos y salirnos de nuestra zona de confort y no vamos en pos de esos grandes objetivos y sueños, porque no logramos imaginarnos qué sería más devastador que el fracaso. Creemos que fracasar es lo peor que podría pasarnos.

Pues déjame decirte que eso no es cierto.

Hay un destino peor que el fracaso —mucho peor—. Una consecuencia de no intentar eso que tanto anhelamos hacer nos perseguirá por mucho más tiempo que las repercusiones de cometer un error o de intentarlo y fracasar.

Esa consecuencia es el dolor que nos causan las lamentaciones.

Cuando miro mi vida hasta ahora, a pesar de los muchos, muchos errores que he cometido, en realidad, no tengo mucho que lamentar. No me malinterpretes —hay muchas experiencias que no quisiera repetir y muchos errores de los que no me siento orgullosa, pero no lamento que hayan sucedido—. Ni siquiera los errores financieros, ni las veces que me he arriesgado y perdido dinero, me molestan demasiado. Por ejemplo, hace varios años, cuando los precios del petróleo estaban en un máximo histórico, Chuck y yo tuvimos la oportunidad de invertir en la perforación de un nuevo pozo de petróleo. Estaba lejos de ser algo seguro y hacerlo significaba correr un riesgo enorme, pero también ofrecía un rendimiento potencial bastante amplio.

Así las cosas, hablamos al respecto en detalle, sopesamos los pros y los contras y, después de todos los pormenores, decidimos hacer esa inversión. Hicimos una pequeña oración y giramos un cheque cuya cantidad fue bastante importante. Por desgracia, la perforación fue un fracaso. No encontramos petróleo, ni gas natural, ni nada de valor, fuera de una inmensa cantidad de roca.

Sobra decir que perdimos toda nuestra inversión. Y aunque es obvio que eso no era lo ideal, ni la forma en que esperábamos que saliera el negocio, también descubrimos que ese no fue el fin del mundo. Sobrevivimos al golpe y la vida siguió igual que antes. Nunca nos arrepentimos de haber corrido aquel riesgo.

En cambio, hay una oportunidad que no aprovechamos y que sí me hubiera gustado aprovechar.

Hace un par de años, Chuck y yo vimos en venta una antigua cabaña de troncos ubicada en el este rural de Tennessee, a pocos kilómetros de mi querida amiga Edie. Tenía un potencial increíble: una chimenea de piedra de tres pies de ancho, grandes huesos y *mucho* carácter. También necesitaba un montón de arreglos, desde un techo nuevo y todas las tuberías y electricidad nuevas hasta un cambio de cocina, baños nuevos y un buen sistema séptico, solo por nombrar algunos de los arreglos. El contratista presupuestó que necesitaríamos un mínimo de $150.000 dólares en reparaciones.

No era que no tuviéramos el dinero para invertir. Lo teníamos, pero nos preocupaba cuál sería el precio final de reventa y terminar gastando más de lo que la propiedad valiera después de todo lo invertido. Entonces, aunque amábamos la cabaña con todo nuestro corazón, desistimos de comprarla.

¿Me permites contártelo? ¡Cuatro años después, todavía me duele no haberlo hecho!

Aún pensamos en eso, hablamos del asunto y nos preguntamos: "¿Y qué habría pasado si?". Cada pocos meses, la busco en Zillow para ver si, por casualidad, está de vuelta en el mercado, pero nunca tengo esa suerte. Tal vez, algún día.

El hecho es que, después de encuestar a más de cuatro mil personas para este libro, lo que más me llamó la atención fue lo que significa el dolor implacable de tener que lamentarnos. La pareja que eligió el aborto, porque ambos tenían miedo de no ser buenos padres; la madre que abandonó su sueño de volver a la escuela; el padre que tiene miedo de renunciar a su sueldo fijo para ir en pos de ese negocio como independiente con el que tanto ha soñado; el agente inmobiliario que está perdiendo clientes porque tiene miedo de ser demasiado insistente con sus prospectos y clientes.

¡Hay tantas historias desgarradoras sobre personas que se lamentan de haber hecho o dejado de hacer!

Después de leer historia tras historia de personas que dejaron que el miedo las detuviera, estoy convencida de que nada es tan devastador como tener que vivir con las consecuencias a largo plazo de desear una oportunidad más para intentarlo de nuevo.

Porque, si bien el miedo al fracaso es muy real, está claro que el dolor temporal de cometer un error no se parece en nada al sentimiento persistente e inquietante de saber que habrías podido hacer o intentar algo más para lograr tu cometido.

Los errores solo duelen por un tiempo, pero las lamentaciones te seguirán por el resto de tu vida.

Así que no las permitas. Deja que tu miedo a tener que lamentarte sea más fuerte que tu miedo al fracaso. Atrévete a tomar esos riesgos para que no tengas que pasarte toda la vida preguntándote: *¿Qué habría pasado si…?* Acepta que es posible cometer errores.

¿Y qué hacer si *hay* algo de lo que te lamentas? Ponlo en el pasado y date permiso para seguir adelante. Concéntrate en lo único que puedes controlar: las elecciones que hagas de aquí en adelante. Y recuérdate a ti mismo: no hay errores, solo lecciones.

Porque cada fracaso conduce a un gran descubrimiento.

Capítulo 13

El equilibrio está sobrevalorado

Porque si todo es importante, nada lo es

"Siempre nace algo bueno del exceso: gran arte surgió de un gran terror, de una gran soledad, de grandes inhibiciones e inestabilidades, y el resultado siempre genera equilibrio".

Anaïs Nin, autora de
El diario de *Anaïs Nin*

Cada año, le envío una encuesta detallada a quienes conforman mi empresa para conocer un poco más sobre nuestros lectores y clientes —haciendo preguntas sobre aspectos que a ellos les gusten, les disgusten y cómo hacer para mejorarlos—. Por lo general, incluyo, por lo menos, algunas preguntas sobre objetivos y, durante los últimos años, también les he pedido a los encuestados que identifiquen la única palabra que elegirían como "palabra del año".

¿Sabes qué palabra aparece una y otra vez, casi siempre, más que cualquier otra palabra?

Equilibrio.

Como mujeres, estamos prácticamente *desesperadas* por lograrlo. O por lo menos, eso es lo que parece.

Se trata de esta idea mítica y mágica siempre acechando en el horizonte, fuera de nuestro alcance. Creemos que es nuestra falta de equilibrio lo que nos impide tener la vida que queremos y nos convencemos de que lograrlo es lo que nos hará felices.

Y debido a que estamos seguras de que aún no hemos logrado este estado mágico de equilibrio, nunca estamos muy satisfechas en donde estamos, ni con lo que tenemos. No parece importar en qué estemos trabajando o en qué nos esforcemos o en qué estación de la vida nos encontremos, el hecho es que estamos constantemente plagadas de un sentimiento subyacente de que nuestra vida está, de alguna manera, fuera de control y fuera de equilibrio. Sentimos que, cuando pasamos demasiado tiempo en una sola cosa, estamos haciendo algo *mal*.

Para aquellas de nosotras con niños o con una familia, hasta hay un nombre especial para este sentimiento:

Mamá culpable.

Es esa sensación de que estamos haciendo algo mal o de que descuidamos a nuestra familia o de que, de alguna manera, afectamos a nuestros hijos cada vez que nos ocupamos de nosotras mismas, nos centramos en nuestra carrera o perseguimos una de nuestras propias pasiones o de alguno de nuestros sueños. (Y para que conste, ¡no tienes que ser madre para experimentar ese sentimiento!).

Es esa culpa que sentimos los seres humanos en general al decir "no" e incluso "no en este momento". Es esa culpa por no cocinar todas las comidas desde cero o por no pasar horas recorriendo Pinterest para crear almuerzos inteligentes. Es la culpa que sentimos por acostar a nuestros hijos 20 minutos antes para poder ver Netflix en paz o por no acompañarlos a la excursión de este mes o por no dirigir el último comité o recaudo de fondos.

Es una culpa omnipresente, siempre ahí, en el fondo de todo. ¡To-dos-los-dí-as-y-a-to-da-ho-ra! Es esa pequeña voz persistente que sigue diciéndonos que deberíamos ser más, hacer más, amar más, nutrir más, dar más, servir más, estar más presentes, ser más espirituales y más intencionales. Esa pequeña voz que nos dice que, sea lo que sea que hayamos hecho, lo más probable es que no sea suficiente.

Pero ¿y si esa voz nos está mintiendo?

¿Qué pasa si esta idea de equilibrio de la que nos hemos convencido no solo no es posible, sino que tampoco es deseable? ¿Qué pasa si es solo un mito? ¿Un cuento de hadas? ¿Una trampa diseñada para evitar que persigamos nuestros objetivos y sueños con toda nuestra pasión?

¿Qué pasa si, de cierta manera, el *equilibrio* está sobrevalorado?

Como madre con un trabajo muy ocupado y muchas veces increíblemente exigente, lucho bastante con este dilema, casi todos los días, de hecho. Entonces, vivo preguntándome: ¿cómo puedo ser una buena madre y una buena esposa y una buena jefa al mismo tiempo? ¿Cómo puedo concentrarme en hacer crecer mi negocio, liderar a mi equipo y lograr todas esas grandes metas y sueños que se acumulan dentro de mí sin decepcionar a toda la gente que me rodea? Después de todo, no solo tengo que pensar en *mí*. ¿Cómo equilibro mi ambición con mis responsabilidades?

Porque el hecho es que se necesita mucho para hacer realidad un sueño. Hay bastante trabajo duro por hacer y sacrificio involucrado en la consecución de un gran objetivo. Significa tomar decisiones difíciles y, en ciertos momentos, también significa priorizar una cosa importante y valiosa sobre otra que también lo es. Además, necesitas la voluntad suficiente para creer en ti mismo y confiar en tus elecciones y tus prioridades, incluso cuando nadie más lo hace.

Y eso es muy difícil a veces.

Porque tan emocionados como podríamos sentirnos por alcanzar nuevos hitos o un gran objetivo, la pregunta no formulada que a menudo permanece en nuestra mente es esta: *¿será que perseguir mis propios sueños me hace egoísta?*

La respuesta es sí... y no.

En ocasiones, tenemos que ser egoístas para hacer las cosas. Casi siempre, tenemos que estar dispuestos a hacer sacrificios o a renunciar a un objetivo para perseguir otro. Habrá momentos en que estos objetivos estarán en oposición directa entre sí. Y a veces, eso está bien. De hecho, así es como debe ser.

Entonces, ¿cuándo está bien avanzar hacia nuestros propios objetivos y cuándo debemos detenernos? ¿Cuándo está bien ser egoístas y cuándo se supone que debemos ser desinteresados? ¿Cuándo se supone que debemos sumergirnos de cuerpo entero y cuándo debemos sumergir tan solo la punta de los dedos de los pies?

ESTÁ BIEN SER OBSESIVO

En una cultura que le rinde mucho culto a la lucha por el equilibrio en todos los aspectos de la vida, la idea de la *obsesión* tiene una mala reputación. Se nos enseña a creer que no es saludable concentrarnos *demasiado* o durante mucho tiempo en una sola cosa, ni invertir toda nuestra energía y nuestros esfuerzos en un área única de nuestra vida. Que no debemos trabajar *demasiado*, ni hacer demasiado ejercicio, ni durante demasiado tiempo.

"Todas las cosas con moderación", decimos.

¿Pero sí es eso cierto?

No lo creo.

La grandeza casi siempre proviene de la obsesión.

La mejor literatura, la mejor música, el mejor arte y la mejor comida del mundo, las compañías e inventos más exitosos, los descubrimientos científicos más innovadores, los logros deportivos más increíbles, casi todos han sido el resultado directo de una búsqueda incesante. Los CEO, científicos, deportistas y artistas más exitosos y reconocidos han sido siempre personas que están dispuestas a hacer sacrificios, a renunciar al equilibrio a favor del enfoque en un área muy específica.

Una y otra vez, la historia es la misma. Años de práctica. Intensa dedicación. Sacrificio personal. Incesante búsqueda. De hecho, me atrevería a afirmar que detrás de cada logro verdaderamente notable hay una persona que estaba dispuesta a obsesionarse.

Y también propondría que hay más que obsesión. Para la mayoría de estas personas, su impulso no surgió solo de su pasión o de su deseo de tener éxito, sino también de un sentido de propósito convincente —de la necesidad de contribuir al mundo y hacer algo más grande que ellos mismos—. De una vocación.

Como cristiana, creo que Dios nos llama a usar nuestros dones y talentos únicos y nuestras fortalezas lo mejor posible. También creo que los grandes sueños, los que despiertan miedo y emoción dentro de nosotros, son inspirados por una fuerza divina. Y para mí, eso significa que si no nos obsesionamos con el uso de estos dones, persiguiendo estos grandes sueños y viviendo nuestro llamado, nos estamos desviando del camino.

Por eso, no creo que estamos llamados a ser equilibrados. Estamos llamados a cumplir un propósito.

Con eso en mente, ¿qué crees que sucedería si te permitieras entregarte a tu causa sin sentirte culpable? ¿Qué cambiaría si pudieras dejar de perseguir alguna idea mítica del equilibrio y te permitieras obsesionarte por perseguir tus sueños o tu propósito? ¿Qué significaría eso para tu vida en este momento? ¿Qué tendrías que cambiar?

NINGUNA ETAPA DURA PARA SIEMPRE

¿Has notado alguna vez que los seres humanos tendemos a tener una visión bastante corta de cualquier etapa de la vida en la que nos encontremos? Todo en lo cual podemos enfocarnos, todo con lo cual podemos relacionarnos y todo lo que nos interesa es esa etapa específica por la que estemos pasando. Y debido a que cada etapa tiene su tiempo de duración, es muy común que nos parezca que durará para siempre. Cuando estaba en mis veintes y era soltera, mi vida giraba en torno a ir de excursión con mi perro, salir con mis amigos y acampar o ver fútbol los fines de semana. Era completamente libre de hacer lo que quisiera cuando quisiera y nunca se me ocurrió que mi vida no siempre iría a ser así.

Luego, estando recién comprometida, vivía, dormía y respiraba planes de boda. No leía más que revistas de novias, veía programas como *Say Yes to the Dress* y pasaba un sinfín de horas planeando el día soñado: el vestido, la comida, las flores, el pastel, la música, el registro de regalos. ¡Era casi un trabajo de tiempo completo! Y luego, en un instante, dijimos "Sí, quiero" y todo aquello terminó.

El embarazo fue una etapa 100% nueva para mí, llena de planeación, preocupación, emoción, miedo y nuevos programas de televisión como *A Baby Story* y *I Didn't Know You Were Pregnant*. Pasé mis días leyendo *What to Expect When You're Expecting* de principio a fin, escribiendo y reescribiendo mi plan de parto y compartiendo todos los aspectos del embarazo con otras mujeres embarazadas en el repleto y lleno de drama chat de BabyFit. Pronto, la maternidad convirtió el embarazo en un recuerdo lejano y cada etapa ha traído consigo su propio conjunto de desafíos y obsesiones, desde los años de bebés y niños pequeños privados de sueño hasta los adorables años de niños más grandes y luego preadolescentes, ya no tan adorables (pero mucho más independientes). Todavía estoy experimentando a los adolescentes, pero estoy bastante segura de que esta etapa también terminará.

Como empresaria, también he pasado por muchas etapas diferentes. Tuve épocas de enorme ajetreo cuando trabajé como loca para ganar estabilidad en el negocio —apenas dormía, trabajaba más de 80 horas a la semana y tiraba espaguetis contra la pared con frenesí para ver cuál se pegaba.

También ha habido épocas de creatividad y reflexión en las que me he centrado en escribir un libro o crear algo nuevo. Ha habido otras de construcción y crecimiento en las que he tenido que aprender a crear sistemas y formar un equipo. También las ha habido de frustración y desesperación en las que, todo lo que podía salir mal.

Las etapas van y vienen —en el matrimonio y en la amistad, en el trabajo y en el juego, en todos los aspectos de nuestra vida. Hay épocas en que todo es esperanza y otras llenas de desesperación. Las hay de mucho ajetreo y también de calma. Momentos en los que nos sentimos productivos y otros en los que parece que no somos capaces de hacer nada. Momentos de grandes anhelos y otros de satisfacción.

El hecho es que ninguna etapa, buena o mala, dura para siempre.

Es importante saber y recordar eso, ya que es inútil sentirnos culpables por nuestra falta de equilibrio, pues la naturaleza estacional de nuestra vida significa que siempre estaremos, como mínimo, un poco fuera de control, dependiendo de la etapa en la que nos encontremos. Las etapas cambian, y con ellas, nuestra perspectiva de qué es lo que más importa en ese momento.

SI TODO ES IMPORTANTE, NADA LO ES

Si bien en teoría es fácil aceptar esta idea del cambio de etapas, la naturaleza miope de todas y cada una de ellas significa que, en la práctica, una de las mayores luchas diarias que enfrentamos es la idea de que todo en nuestra vida debe recibir el mismo peso de importancia y atención y que, si no estamos 100% equilibrados en todas las áreas y en todo momento, estamos *fallando*.

¡Qué *mentira* tan horrible nos estamos diciendo a nosotros mismos!

Porque la verdad es que, si todo es importante, eso quiere decir que nada es importante. Si siempre estamos tratando de darles la misma prelación a *todas las cosas*, entonces, nunca les daremos suficiente prelación a las *realmente importantes*. No todo puede o debe ser importante todo el tiempo. No es posible y lo único que conseguimos es volvernos locos tratando de lograr algún tipo de equilibrio perfecto.

A veces, parece que tener éxito en un área significa que debemos fallar en otra área, pero de lo que no nos damos cuenta es que hay momentos en que eso está bien. A veces, *debemos* estar fallando en un área para poder tener éxito en otra, pues la alternativa es estar perfectamente equilibrados en nuestra mediocridad.

¿Y quién quiere eso?

Ahí es donde entran en acción nuestros grandes objetivos, pues estos nos muestran lo que es verdaderamente importante. Están ahí para ayudarnos a priorizar las áreas en las cuales más necesitamos invertir nuestro tiempo. Son el mapa de ruta que nos permite saber a dónde vamos, dónde debemos enfocarnos y qué actividades no merecen nuestra atención.

Saber qué es aquello que "no vale la pena" es lo realmente importante, aunque a veces es muy difícil, sobre todo, para aquellos de nosotros que sentimos que tenemos que hacerlo todo. Como con cualquier otra cosa en la vida, descubrir lo que no vale nuestro tiempo requiere de práctica. Necesitamos revisar con frecuencia nuestros grandes objetivos para luego dividirlos en objetivos más pequeños y determinar, según sean ellos, nuestras prioridades.

Eso significa que tomarte el tiempo para identificar tus prioridades, las cosas que más te importan, basadas en esos grandes objetivos, es esencial. Es un ejercicio que debes hacer con frecuencia y dar como resultado una lista concreta de las cosas que más te importan —para que las tengas presentes y a mano con el fin de que puedas consultarlas cuando la vida comience a ponerse un poco complicada—. Esa lista es tu recordatorio físico de que no todo es igual de importante.

Nadie puede hacerlo todo y quienes fingen que sí pueden están mintiendo, pues no hay suficientes horas en el día. Todos tenemos las mismas 24 horas lo cual significa que, *sin importar lo que hagamos en la vida*, nos enfrentaremos a una gran diversidad de opciones y tenemos que elegir entre ellas.

Entonces, ¿cómo asegurarnos de elegir el camino correcto? ¿Cómo sabemos que nuestras prioridades están en orden? En última instancia, creo que todos estamos en progreso, sujetos a reevaluaciones y autorreflexiones continuas, pero hay algunos principios muy eficaces que me han ayudado en el camino. También a ti te ayudarán.

Sé claro sobre tu *porqué*. Siempre se reduce a esto, ¿no? No es suficiente con establecer grandes metas; tenemos que saber *por qué* estas son importantes para nosotros. Porque, siendo sinceros, si no sabes por qué, lo más probable será que tus razones no justificarán los sacrificios que necesitarás hacer para llegar a donde quieres.

¿Cuál es tu propósito? ¿Qué está impulsando tu pasión? ¿Es esto algo a lo que estás llamado a hacer? ¿Vale la pena los sacrificios que tendrás que hacer? Hablaremos más sobre cómo encontrar tus *porqués* en el Capítulo 16, pero vale la pena plantear la pregunta desde ahora.

Consulta con tu cónyuge, tus hijos o tu pareja. Es muy difícil y, sin embargo, es esencial tener un diálogo abierto con las personas por las cuales te sientes culpable de descuidar.

Yo soy el tipo de persona que ama estar a cargo y mandar a la gente. Mi esposo, por el contrario, no desea decirle a nadie qué hacer, ni nunca lo ha hecho. Aun así, en todos nuestros años de matrimonio, me he dado cuenta de que si bien su don puede no ser el liderazgo, sí es la sabiduría. He aprendido y *todavía* estoy aprendiendo que él tiene mucha información valiosa cuando se trata de ayudarme a alcanzar mis sueños y aspiraciones. Nadie conoce cada parte de mí tan bien como él, ni nadie me animará tanto, ni querrá que tenga éxito tan genuinamente como él. Además, mi esposo también es la única persona que entiende mis necesidades específicas y las de nuestra familia y se preocupa tanto por nuestras hijas como yo.

Nada es más valioso que la verdadera rendición de cuentas y las personas más cercanas a ti suelen ser las únicas sobre la Tierra que serán 100% honestas, a veces, brutalmente honestas, con respecto a si vas o no por el camino correcto. Por el bien de tu matrimonio y tu familia, debe escucharlas.

Redime tu tiempo. Debido a que perseguir un sueño implica quitarle a tu familia más tiempo del que te gustaría, es de vital importancia que te asegures de que el tiempo que pasen juntos cuente. Cuando estén juntos, dales a tu cónyuge y a tus hijos el regalo de participar plenamente en todo. Apaga tu teléfono y tu computadora; apártate de cualquier distracción que tienda a captar tu atención y enfócate en ellos. Sé intencional al reservar ese tiempo que va a ser solo para tus seres queridos.

Además, ten cuidado de ceder ante esa culpa típica de nosotros los padres que a veces nos tienta a querer ser demasiado permisivos o a darles a nuestros hijos un montón de cosas que no necesitan en compensación por todos los momentos en que no estamos allí con ellos. Más cosas no compensan el poco tiempo que les dedicamos e intentar ser amigos de nuestros hijos en lugar de sus padres tampoco funcionará.

Las investigaciones sobre el tema han demostrado que, después de la edad de tres años, lo que más importa es la calidad del tiempo que pasamos con nuestros hijos, no la cantidad[8]. Así que haz que todos los ratos que pasas junto a ellos cuenten.

Deja de comparar. Es fácil mirar a nuestros amigos y pensar que sus vidas son, de alguna manera, mejores o más valiosas que la nuestra. Los vemos salir corriendo a trabajar todos los días, luciendo elegantes, con sus trajes a la medida y muy bien presentados. Y mientras ellos avanzan en la escala corporativa, nosotros todavía estamos usando los mismos pantalones de yoga de ayer, salpicados de manchas de Cheerio. Y ellos, en marcado contraste, darían cualquier cosa por poder quedarse en casa con sus pequeños, ya que siempre están preocupados ante el hecho de perderse las cosas más importantes de la vida de sus hijos.

Entonces, comparar tu situación con la de otra persona no te sirve para nada, excepto para volverte loco de la duda, así que no lo hagas. Tu camino es tu camino y el de nadie más.

Sé el dueño de tus elecciones. Cada acción tiene su propio conjunto de consecuencias y cada vez que hacemos una elección esto significa que *no* estamos eligiendo otra. Así que hazte responsable de ella. Si en lo más profundo de tu corazón crees que has sido llamado a seguir un determinado camino, no pierdas el tiempo lamentando todo aquello que no podrás hacer. Comprende que, cuando eliges ir tras un sueño, también estás tomando la decisión de dejar atrás algo más.

Y eso está bien.

Porque ninguno de nosotros puede hacerlo todo, pero lo que sí podemos hacer es las paces con las elecciones que hemos hecho. Al final, eso debe ser lo suficientemente bueno.

Y cree esto: el equilibrio está sobrevalorado. Porque si todo es importante, entonces, nada lo es realmente.

Capítulo 14

Solo avanza

Porque nada remplaza
a la persistencia

"Nada en el mundo remplazará a la persistencia. Ni siquiera el talento. Nada es más común que personas fracasadas llenas de talento. La genialidad tampoco la remplazará. Hay genios sin resultados por todas partes.

La educación tampoco la remplazará. El mundo está lleno de gente muy bien educada y fracasada.

En cambio, la persistencia y la determinación son omnipotentes".

Calvin Coolidge

A los 23 años, estaba bastante segura de que había arruinado mi vida para siempre. En ese entonces, estuve profundamente deprimida por más de dos años. Y no estoy hablando de un tipo de depresión controlable con Prozac mientras miraba *Steeling Magnolias* en medio de una sensación de depresión. Estoy hablando de un caso de depresión severo por el estilo de Sylvia-Plath.

Mi diagnóstico oficial fue depresión mayor y TEPT.

Incapaz de lidiar con los recuerdos de haber sido abusada sexualmente cuando niña y no querer enfrentar el hecho de que me había casado con el hombre equivocado y ahora estaba atrapada en una vida que no quería, decidí que la vida no tenía sentido, que Dios no existía y que matarme era la solución a mis problemas.

Después de un par de falsos comienzos, mi tercer intento de suicidio casi tuvo éxito. Los bomberos derribaron mi puerta para llegar a mí y mi corazón se detuvo en la ambulancia. Me metieron un tubo por la garganta para mantenerme respirando; luego, llamaron a mi familia y les dijeron que vinieran a despedirse.

Pero no morí.

En cambio, me enviaron a un hospital psiquiátrico donde pasé una cantidad interminable de horas en terapia grupal y terapia individual y terapia de ira y terapia cognitiva y conductual y ni hablar también de la terapia de trauma. En mi tiempo de inactividad, leí filosofía existencial y me unía a los otros pacientes quienes me enseñaron habilidades esenciales para la vida tales como cómo envolver los medicamentos entre la lengua, dónde esconder toda clase de contrabando y cómo saber usar el encendedor de cigarrillos en la sala de fumadores. Pero de todo esto, lo que más me sirvió fue entender que era mucho más fácil fumar en cadena.

Fuera del hospital, caí aún más abajo en mi espiral de autodestrucción. Comencé a cortarme, y cuando eso no me pareció lo suficientemente doloroso, cambié de dolor. Me corté todo el cabello, me perforé la nariz y la ceja y me hice varios tatuajes. No satisfecha, me ponía a propósito en situaciones más y más riesgosas como beber en exceso, experimentar con el sexo y las drogas, fumar al menos dos cajetillas de cigarrillos al día y meterme en peleas en los bares. Giré un cheque sin fondos para comprarme una tienda de campaña y acampé a mi gusto por la costa oeste hasta que terminé en el medio de la nada de Arizona, viviendo con una pareja de lesbianas bastante volátil.

Yo era un *desastre*.

No lograba entrar en cintura. Ni sobre esto, ni sobre lo otro, ni sobre nada. Todo lo que quería era no sentir e hice cualquier cosa y todo lo que me permitiera evitar el dolor que sentía por dentro.

No hace falta decir que la autodestrucción no ayudó a mejorar las cosas. Después de otro intento de suicidio, terminé una vez más en la clínica psiquiátrica. Los médicos dejaron de formularme antidepresivos y prefirieron recurrir a terapia de electrochoque. Y por último, me abandonaron por completo a mi suerte y me enviaron a casa a morir.

Y así fue como, a los 23 años, estaba divorciada, en bancarrota y había tocado fondo.

No tenía trabajo, ni dinero, ni título, ni esperanza. Lucía horrible —mis brazos y piernas estaban llenos de cicatrices por todos los cortes y quemaduras que me hice— y, en ese momento, casi había alejado a todos aquellos que, en algún momento, se preocupaban por mí. Las personas deprimidas no son las personas más fáciles de tener cerca, y aunque la mayoría de mis amigos y familiares trató de apoyarme, después de un tiempo, la mayoría se rindió.

No puedo decir que los culpo. Yo también me había rendido.

Me fui a vivir con mi papá, no porque él quisiera, sino porque, literalmente, no tenía otro lugar a donde ir. Y durante meses, me quedaba en la cama todo el día hasta que, finalmente, él no pudo soportarlo más y me convenció —en realidad, me sobornó— para que comenzara a hacer ejercicio algunas veces a la semana lo cual hice de la manera más entusiasta imaginable. Caminaba en la cinta durante 30 minutos y luego me iba directo a la cama otra vez.

Pero eso ayudó. Esos 30 minutos de poner, literalmente, un pie delante del otro comenzaron a hacer una pequeña diferencia y, poco a poco, muy despacio, esas oscuras nubes de depresión que se habían posado sobre mí durante tanto tiempo comenzaron a correrse.

Busqué una nueva terapeuta y le dije: "Acabo de pasar dos años y medio hablando de todo lo malo que me ha pasado y ya no quiero hablar más de eso. No me ha servido para nada y ahora solo necesito saber cómo vivir de nuevo".

Durante los siguientes dos años, eso fue, exactamente, lo que ella me ayudó a hacer. A poner un pie delante del otro y recuperar mi vida. Conseguí un apartamento y un trabajo de medio tiempo y luego un trabajo de tiempo completo mucho mejor. Adopté una perrita llamada Lita, un laboratorio de chocolate completamente espástico que estaba tan llena de energía que me veía obligada a salir a darle largos paseos diarios. Comencé a hacer nuevos amigos —no autodestructivos, sino de los que le contribuyen a la sociedad— y a reparar las viejas relaciones que había destruido. Disfruté de estar soltera, me divertí acampando y haciendo caminatas los fines de semana y comencé a conocer nuevos chicos y a tener citas. Regresé a la universidad para terminar mi carrera y decidí postularme a la facultad de derecho.

Mi terapeuta me hacía ver que cada pequeño avance contribuía a lograr el siguiente y me ayudó a reconocer que yo no tenía que tener toda mi vida resuelta de una vez. Lo único que tenía que hacer era *seguir adelante*. Y por último, me ayudó a darme cuenta de que, si podía llegar al otro lado de un colapso mental masivo de dos años, también sería capaz de superar cualquier cosa.

Solo tenía que seguir adelante.

Nunca hubo un momento en que mi existencia se volviera mágicamente perfecta y mi colapso tampoco sería la última vez que lucharía en la vida. Asistí a la facultad de derecho solo para darme cuenta ocho meses después de que estudiar derecho no era para mí. Después de eso, intenté muchas otras cosas y me tomó años encontrar el camino de regreso a Dios y descubrir qué estaba llamada a hacer.

Me he enfrentado a muchos desafíos y adversidades. He conocido la desilusión y la traición, reveses y fracasos, pérdidas aplastantes y amargas decepciones, problemas de salud y de dinero, buenas y malas amistades y el drama familiar.

Pero eso es la *vida*.

Nadie recibe un boleto gratis. Ninguno de nosotros tiene garantizado un viaje 100% agradable, libre de dificultades, luchas y dolor. Si bien mi historia es más traumática que algunas, es mucho menos traumática que otras. Existe una infinidad de personas que ha experimentado desafíos mucho peores, obstáculos mucho más grandes y circunstancias mucho más graves que las mías. El hecho es que lo único que sé con certeza es que tendré que afrontar más obstáculos, luchas y contratiempos futuros —y tú también.

La adversidad es parte de la vida.

La pregunta es: ¿qué vas a hacer al respecto?

LO ÚNICO QUE PUEDES CONTROLAR

Las mañanas de lunes a viernes aquí, en el hogar de los Soukup, no son un espectáculo agradable.

No importa qué tan temprano configuremos la alarma, ni cuánto trabajo de preparación intentemos hacer la noche anterior —empacar almuerzos, revisar y firmar las tareas, vestirse y poner las mochilas de la escuela y los demás instrumentos escolares al lado de la puerta principal—, esos 30 minutos entre 7:30 y 8:00 a.m. siempre parecen convertirse en caos, gritos y lágrimas. La fuente de todo este caos no es un misterio. Es mi hija menor Annie. Ella no tiene sentido de urgencia y todo indica que tampoco tiene la capacidad de acelerar y moverse más rápido. Le toma 45 minutos comerse un huevo y una tostada, usa ropa que no combina (lo cual no es poca cosa, teniendo en cuenta el hecho de que *usa uniforme*), se niega a cepillarse el pelo, a ponerse bien la camiseta y luego deambula con un zapato en la mano esperando que nadie se dé cuenta de que, aunque se supone que ella debería estar limpiando su habitación, su hermana termina haciéndose cargo de *todo*.

Lo que es aún más irritante es que ella es completamente inmune a cualquier cantidad de gritos, súplicas, consentimientos o amenazas de castigo. A Annie no le preocupa llegar tarde, ni se siente siquiera un poco desconcertada por la frustración y la ira de quienes la rodean. A ella, simplemente, no le importa. La confianza es su mayor fortaleza y las críticas le resbalan como el agua por la espalda de un pato. Si no fuera tan irritante, todo este sería un excelente panorama con el cual divertirse.

No es sorprendente que la mayor parte de la frustración y la ira provengan de mi hija mayor, Maggie, quien es la persona más afectada por el comportamiento de su hermana. A Maggie le gusta llegar temprano a la escuela para poder ver a sus amigos y, como es típico de los hijos mayores, ella es responsable y organizada y casi siempre está a tiempo en todo. Por lo general, está lista a las 7:30 lo que significa que luego pasa el resto del tiempo tratando de hacer que Annie le apure.

Cada mañana es casi la misma escena. Esa es nuestra versión personal de *Groundhog Day*. Annie no pondrá su trasero en marcha. Maggie se irritará cada vez más. Habrá gritos, más gritos, llantos y portazos. Y por general, *muchas* flexiones, nuestro castigo favorito. (¡Ni siquiera estoy bromeando cuando te digo que la chica ahora está tan aficionada a ellas que hace 30 como si nada!).

Más de una vez, Maggie ha venido a mí llorando, frustrada a tal nivel que solo un conflicto entre hermanas puede alcanzar.

"¿Por qué Annie tiene que ser tan irritante? ¡Ella nunca hace nada! ¡Llegaremos tarde *otra vez*! ¿Por qué tengo que sufrir por ella? ¡No es *justo!* ".

La cuestión es que Maggie tiene toda la razón. No es justo para ella ni en lo más mínimo. Annie tiene muchas, muchas buenas cualidades, pero su capacidad para ponerse en movimiento por la mañana no es una de ellas, al menos, no en este momento de su vida. La mayoría de las mañanas, ella tiene el 100% de la culpa de todo el estrés que se genera en el ambiente. Como mamá, todavía conservo la esperanza de que esta sea una fase de la que ella saldrá algún día, pero por ahora, esta es nuestra realidad.

Porque, como suelo explicarle a Maggie, la vida no siempre es justa.

"Cariño, lo único que puedes controlar es *a ti misma*. Sé que no es justo, pero eso es lo que sucede a veces. Y aunque no puedes elegir cómo actuará tu hermana, sí puedes elegir cómo responderás tú a eso. Si dejas que todo esto arruine tu día, solo te lastimarás a ti misma, no a ella. Tienes que elegir que estarás por encima de lo que ella haga o deje de hacer".

Esa es una píldora difícil de pasar cuando tienes 12 años.

Y es una lección igual de difícil para nosotros los adultos.

La realidad es que, en algún momento, te pasarán cosas malas, a veces, sin culpa tuya. Habrá personas que te tratarán mal o que se aprovecharán de ti. Habrá muchas cosas desagradables en la vida sobre las que no puedes hacer nada. Y al final, lo único que puedes controlar es la forma en que responderás. ¿Dejarás que eso arruine tu día, tu semana o tu vida? ¿O elegirás seguir adelante?

La amargura, la ira y el resentimiento no te sirven para nada bueno; solo te comen vivo. Estarás bebiendo veneno, pero esperando que la otra persona muera. Pero alerta: ¡no morirá!

Así que elige aceptar la responsabilidad del único a quien puedes controlar: a ti mismo. Porque incluso en las peores circunstancias tienes una opción y es negarte a dejar que las acciones y actitudes de los demás afecten tu forma de actuar o de sentirte. Tú tienes el poder de elegir cómo respondes. Elige la alegría, la felicidad y el perdón. Tú tienes el poder de elegir que seguirás adelante.

Nadie puede quitarte esa capacidad, a menos que tú se lo permitas.

LA ALEGRÍA ESTÁ EN LA LUCHA

Muy a menudo, nos quedamos ciegos cuando algo inesperado nos desvía del camino. Entonces, debido a que estábamos fuera de guardia, terminamos sintiéndonos devastados y desanimados. No sabemos cómo manejar el obstáculo que se nos presenta porque no estábamos mentalmente preparados para ello.

Lo que sí puedo decirte sin lugar a dudas es que lo único seguro en la vida es que las cosas *saldrán mal*.

Todos hemos oído hablar de la Ley de Murphy. Se trata del concepto de que "cualquier cosa que pueda salir mal, saldrá mal", pero por alguna razón, aun a sabiendas de eso, seguimos sintiéndonos molestos o sorprendidos, desconcertados o enojados cuando las cosas no salen tal y como nosotros esperábamos o cuando cometemos un error o nos encontramos frente a un gran obstáculo.

Pensamos que *¡eso no es lo que se suponía que ocurriría!* y sentimos pena por nosotros mismos y, a veces, hasta le hacemos una gran fiesta a nuestro dolor.

Pero ¿por qué nos sentimos tan sorprendidos?

Sabemos que cosas malas pueden suceder en cualquier momento. Siempre habrá cosas que saldrán mal. Cometeremos errores una y otra vez; la gente será idiota a veces; de la nada, surgirán accidentes, tragedias y obstáculos. Y la única forma en que podemos dejar de ser víctimas de nuestras circunstancias y de las cosas que salen mal —porque van a salir mal— *es dejando de esperar que todo salga bien.*

Tenemos que dejar de decirnos a nosotros mismos en el que se supone debemos estar es el camino suave; debemos dejar de sentir pena por nosotros mismos, porque el camino en el que terminemos no sea el más suave, porque la realidad es que *no existen caminos suaves.*

El dolor y el sufrimiento nunca son divertidos. Nadie desea enfrentar dificultades, ni luchas, ni que la vida sea difícil. Nadie se deleita en la adversidad, ni en las cosas que salen mal, ni espera en secreto una pequeña tragedia, ni un desamor. No hay quien quiera sentirse triste, ni enojado, ni desanimado, ni indignado por voluntad propia.

Y sin embargo, la mayoría de nosotros, cuando miramos hacia atrás y recordamos los momentos más felices de nuestra vida, es casi seguro que nos daremos cuenta de que estos están vinculados de una forma u otra con algún tipo de lucha. ¡Las metas de las que estamos más orgullosos son aquellas por las cuales hemos tenido que luchar!

La emoción de correr una maratón completa está ligada al dolor de correr durante 26 millas y a los meses de agotador entrenamiento durante los que nos preparamos para ese momento de alegría —a todas las ampollas, dolores musculares y a todos los sábados por la mañana que estuvimos corriendo en lugar de quedarnos descansando en la cama.

El orgullo de obtener un título académico está ligado a los años de estudio —a todas las noches de insomnio que pasamos estudiando para los exámenes finales, a toda la lucha por comprender conceptos importantes y a toda la inversión de tiempo y dinero que hicimos.

La satisfacción de tener un negocio exitoso está ligada a la sangre, el sudor y las lágrimas que, sin lugar a dudas, contribuyeron a que este arrancara y prosperara —al estrés del trabajo durante horas interminables y a la sensación de nunca terminar, a la angustia de la necesidad de asumir grandes riesgos y lidiar con lo desconocido.

La alegría de tener hijos está ligada al cansancio de criarlos —a las noches de insomnio que pasabas cuidándolos cuando eran bebés; luego, niños pequeños y temperamentales; después, adolescentes llenos de hormonas— y a los interminables desayunos, almuerzos, lavandería y tareas escolares y dolores de cabeza propios de cada etapa.

La lucha, el dolor y la adversidad no son divertidos, pero nos hacen mejores personas. Es así como aprendemos a ser más fuertes, más sabios, más humildes, más pacientes y empáticos. Es donde sucede todo lo bueno, incluso si no nos parece en ese momento. Dentro de cada circunstancia difícil hay una oportunidad para avanzar; e incluso si no sabemos con exactitud qué saldrá mal o qué obstáculos aparecerán en el camino, debemos estar seguros de que siempre habrá *algo* que no saldrá tal y como como estaba planeado. Mientras aceptemos estos baches como una parte esencial del proceso, estos serán mucho más fáciles de soportar.

Siempre es posible mantener nuestra perspectiva durante la tormenta y salir al otro lado.

DA UN PASO Y LUEGO OTRO

En su libro *Grit*, la sicóloga investigadora Angela Duckworth describe con detalles convincentes cómo, cuando se trata de obtener éxito en la vida[9], la determinación —la combinación de pasión y perseverancia— es mucho más importante que el talento en bruto. Ella explica que las personas más exitosas no son necesariamente las más talentosas, sino aquellas que están dispuestas a trabajar más duro.

Tendemos a pensar que estamos en desventaja, porque no hemos tenido acceso a las mismas oportunidades que otras personas o porque hemos tenido más dificultades o adversidades en el camino que los demás. Pensamos que no somos tan inteligentes o talentosos o tan bien conectados como la gente que vemos a nuestro alrededor. Pero al final, nada importa tanto como nuestra voluntad de seguir adelante, de dar un paso y luego otro y luego otro y nunca, pero nunca renunciar.

Creo que, a veces, miramos al mundo como si fuéramos o no inteligentes; como si fuéramos o no capaces; como si fuéramos o no valientes. A eso es a lo que la sicóloga Carol Dweck se refiere como una mentalidad fija: una creencia de que nuestras cualidades están talladas en piedra y no las podemos modificar[10].

Y cuando miramos al mundo desde esta mentalidad fija, no hay razón para esforzarnos más. Hacer un esfuerzo mayor es solo una oportunidad para demostrar que no somos capaces de lograr lo que nos propongamos.

Pero resulta que nuestras cualidades no están talladas en piedra. La valentía nunca es una cualidad fija, porque *nunca* se trata de lo inteligente o talentoso que eres, ni de cuán sorprendente y original sea tu idea, ni de qué título hayas obtenido, ni de la enorme cantidad de dinero con la que estés comenzando tu negocio. Lo que realmente marcará la diferencia es tu valor, tu perseverancia y tu voluntad de trabajar duro y seguir trabajando duro. ¡Eso sí marcará la diferencia!

No necesitas conocer cada paso del camino antes de empezar. Solo necesitas dar el siguiente y luego el siguiente. Recuerda que la acción es el antídoto contra el miedo. Esto significa que, siempre y cuando sigas avanzando en la dirección correcta, siempre y cuando sigas actuando de acuerdo a la meta que deseas alcanzar (¡incluso si esa meta es solo identificar una meta!), llegarás allí en algún momento.

La valentía, por lo tanto, es un músculo que necesitas fortalecer cada día. Es una decisión diaria. Es una elección consciente de dar un paso, luego, el siguiente y después, otro.

Es la decisión de seguir adelante, pase lo que pase.

Porque *nada* remplazará a la persistencia.

Un vistazo de los principios de valentía

1. Atrévete a pensar en grande

Nunca dudes de lo que eres capaz y ten la certeza de que los grandes objetivos son el secreto para inspirarte y mantenerte motivado.

2. Las reglas son para los tontos

Nunca tomes nada al pie de la letra. Atrévete a pensar por ti mismo y a estar dispuesto a confiar en tu propio juicio.

3. Siempre en control

Siempre podrás elegir cómo responder. Por lo tanto, asume la plena responsabilidad de tu respuesta a todo lo que te suceda.

4. Acepta comentarios honestos

Todos necesitamos asumir alguna responsabilidad y rendirle cuentas a alguien. Rodéate de personas que te dirán la verdad y te harán sentir mejor, incluso cuando haya ocasiones en que esa verdad sea difícil de escuchar.

5. No hay errores, solo lecciones

No tengas miedo de fallar, porque siempre son nuestros mayores fracasos los que nos conducen a nuestros mayores avances. Vive tu vida sin lamentarte.

6. El equilibrio está sobrevalorado

Deja de creer que necesitas alcanzar un nivel mítico de equilibrio perfecto en todas las áreas de tu vida y date la libertad de dedicarte a todo aquello que más te importe.

7. Solo avanza

Nada en el mundo ocupará el lugar de la persistencia. Lograrás casi cualquier cosa que te propongas, siempre y cuando te niegues a renunciar.

Parte Tres

Valentía en acción

Después de adoptar un nuevo conjunto de principios —los principios de valentía— y de trabajar para cambiar tu mentalidad, ya estás listo para actuar con base en esos principios y aplicarlos a tu vida diaria. La única forma de enfrentar tus miedos, superar la adversidad y construir una vida que ames es dando el siguiente paso.

La acción es el único antídoto contra el miedo.

Capítulo 15

Lucha por tus objetivos

Si no le apuntas a nada, no le darás a nada

"Si tiene claro el qué, el cómo será lo de menos".

Jack Canfield
autor de *The Success Principles*

Imagina el siguiente escenario.

Estás en un avión, bien abrochado y listo para despegar. Tus pertenencias están guardadas de forma segura debajo del asiento que tienes frente a ti; la bandeja que sirve como mesa está cerrada y tu asiento está en posición vertical. Incluso te tomaste el tiempo de ver la demostración del chaleco salvavidas y leer la tarjeta de instrucciones de seguridad. Has hecho tu parte. Estás listo para iniciar el viaje.

Y luego, cuando el avión está a punto de despegar, el piloto hace un anuncio sorprendente.

"Buenos días a todos. Gracias por acompañarnos hoy. Dentro de poco, estaremos en el aire, pero para ser honesto, no estamos muy seguros de hacia dónde queremos ir. Hemos decidido que despegaremos y trataremos de decidirlo una vez vayamos volando".

Algo así es difícil de imaginar, ¿no es cierto?

Porque, obviamente, una situación como esa nunca sucedería en la vida real. Cada vez que te subes a un avión, sabes a dónde vas y, lo que es más importante, también lo sabe el piloto. E incluso si el piloto tiene que hacer algunos ajustes y cambios en el camino, dependiendo del clima y las corrientes de aire, la dirección general es clara. El trabajo del piloto es navegar según la ruta y tomar las mejores decisiones posibles en el camino.

Y aunque es fácil reírse de lo absurdo e inútil que sería subirse a un avión sin destino, la realidad es que este es el enfoque de la mayoría de nosotros frente a la vida en general y la mayor parte del tiempo. Solo vamos de acuerdo a los movimientos, tratando de decidir hacia dónde dirigirnos a medida que avanzamos, cumpliendo con todas nuestras responsabilidades diarias y procurando mantener el avión en el aire. El hecho es que, sin una idea clara de hacia dónde nos dirigimos, es imposible tomar las mejores decisiones en el camino.

Sin un objetivo, siempre estaremos un poco perdidos.

Por eso, es tan importante aprender a pensar en grande y establecer objetivos flexibles que te hagan salir de tu zona de confort. Necesitamos grandes objetivos para hacer grandes cosas y que nos permitan saber hacia dónde nos dirigimos. Sin ellos, lo único que haremos será volar en círculos.

En el Capítulo 8, hablamos mucho sobre pensar en grande y por qué es tan importante establecer metas que nos empujen más allá de nuestra comodidad y enciendan fuego en nuestro interior. Hablamos acerca de atrevernos a creer que somos capaces de más, de superar nuestros límites actuales con tal de construir algo sorprendente, de establecer objetivos tan grandes que hagan que nuestro pecho se agite y nuestro estómago se revuelque.

Porque *esos* son los objetivos que nos motivarán.

Recuerda, cuando establecemos objetivos seguros y alcanzables, lo hacemos de acuerdo a nuestras propias nociones preconcebidas de lo que somos capaces y nos conformamos con el *statu quo*. No hay nada motivador con respecto a ellos. Y debido a que se trata de objetivos cómodos y con los cuales estamos familiarizados, no necesitamos esforzarnos, ni cambiar nada, ni trabajar más de lo que ya lo hacemos. Es ahí cuando nos aburrimos y perdemos el foco.

Lo opuesto a esto es aprender a luchar por nuestros objetivos. Establece un gran objetivo y comprométete a alcanzarlo —uno tan grande que hasta parezca que enloqueciste—. Y luego, esfuérzate a salir de tu zona de confort y camina hacia lo desconocido.

No lo olvides: el aleteo en el estómago y la tensión en el pecho son indicios de una buena especie de miedo —el tipo de miedo a la autoconservación que se activa cuando necesitas hacer cosas que no crees que puedas hacer—. Y esa es la sensación que deseas sentir al comprometerte a esforzarte en aras de alcanzar tus objetivos.

Así que hablemos de los tres pasos para hacer realidad objetivos que te hagan esforzarte.

PASO 1: SUEÑA EN GRANDE

¿Qué harías si nada se interpusiera en tu camino? Ni dinero, ni familia, ni nivel de educación, ni trabajo, ni ningún otro factor ¿Y qué tal si estuvieras en un recinto lleno de infinitas posibilidades y cero limitaciones? ¿Qué harías? ¿Alguna vez te has dado permiso para soñar sin autoedición inmediata, ni enumerando en tu mente todas las razones por las cuales crees que *tu sueño* sería completamente imposible?

La mayoría de las veces, estamos tan atrapados en la experiencia de nuestra realidad actual que nos cuesta imaginar una diferente. Estamos tan empantanados con todas las responsabilidades, limitaciones, frustraciones y obstáculos que enfrentamos en el momento que no nos damos el lujo de permitirnos imaginar, ni siquiera por unos minutos, que las cosas podrían ser diferentes. En nuestra mente, la realidad que vivimos es nuestra única realidad.

No te imaginas con cuánta frecuencia recibo correos electrónicos y cartas de madres que me dicen que quieren tener grandes metas, pero que han estado tan ocupadas criando a sus niños y cuidando a los demás que no tienen ni idea de cuáles son sus propios objetivos. Quieren soñar en grande, pero no saben qué, ni cómo.

Y les preocupa que sea demasiado tarde.

Sin embargo, me atrevo a garantizarte que donde quiera que estés en este momento, *no* es demasiado tarde.

¿No me crees?

Existen innumerables historias de personas famosas y exitosas que comenzaron a ir tras sus sueños un poco más tarde que los demás.

Martha Stewart publicó su primer libro a los 41 años y lanzó el que se convertiría en un imperio de $1.000 millones de dólares,

Martha Stewart Living, a los 47. Joy Behar era una maestra de inglés de secundaria que irrumpió en el mundo del espectáculo a los 40 años. Vera Wang descubrió su verdadera vocación como diseñadora de vestidos de novia cuando planeaba su propia boda a los 40. Julia Child se convirtió en la primera chef famosa cuando estaba en sus 50s. Y Laura Ingalls Wilder publicó su primer libro a los 65 años.

Y no solo las personas famosas han demostrado que nunca es demasiado tarde para comenzar. De hecho, como parte de nuestro estudio de investigación, descubrimos innumerables historias de mujeres que reunieron la valentía que necesitaban para perseguir sus sueños o probar algo nuevo incluso cuando les preocupaba que otros pensaran o dijeran que ya se les había pasado la vida y las había dejado el barco.

Por ejemplo, a sus 54 años, Cheri Montgomery decidió perseguir su sueño de convertirse en enfermera. Siendo madre soltera de tres hijos adolescentes, se dedicó a asistir a la escuela de enfermería por la noche mientras trabajaba a tiempo completo durante el día. Fue así como terminó graduándose con honores como la mejor de su clase.

Marie Bostwick se dedicó a escribir su primera novela durante cuatro años, solo para guardar el manuscrito en su cajón y fingir que eso nunca sucedió, aterrorizada de ser rechazada. Con el tiempo, cuando iba a cumplir 40 años, reunió el coraje para comenzar a enviarlo a algunos agentes literarios. Y aunque fue rechazado muchas veces, siguió intentándolo motivada por los alentadores comentarios que recibía hasta que al fin encontró un agente que hizo clic con su novela. Después de 14 años y de muchas novelas más, se divierte impactando al mundo a través de sus escritos.

Amy Love quería perder peso y ponerse en forma, pero como nunca había sido del tipo atlético, estaba preocupada de no "pertenecer" al gimnasio. Le tomó semanas reunir la valentía necesaria para programar una consulta con un entrenador, pero al fin lo hizo y comenzó a hacer ejercicio diario incluso cuando lo único que quería era dejar de hacerlo. Un año después, está en la mejor forma de su vida y tiene más energía y confianza que nunca.

Podría seguir y seguir, pero la verdad es que el único límite de lo que eres capaz, sin importar dónde te encuentres en este momento de tu vida, es tu disposición a soñar en grande. Y es por eso que es tan esencial que te des permiso para comenzar a pensar en grande sin ningún juicio o autoedición. Permítete soñar con el qué sin preocuparte por el cómo.

En el Capítulo 8, compartí una lista de preguntas sobre las que me gustaría que empezaras a reflexionar.

- ¿Qué he querido hacer siempre?

- ¿Qué me interesa o me apasiona y nunca me he atrevido a lograr?

- ¿Qué haría si nada se interpusiera en mi camino?

- ¿Qué me motiva o me entusiasma a saltar de la cama por la mañana?

- ¿Qué soñé hacer antes de que la vida se interpusiera?

- ¿Dónde me gustaría verme dentro de 5 o 10 años?

- ¿Cuál sería mi ideal de vida? ¿Cómo se ve?

Pues bien, este es el momento de tomar en serio la posibilidad de permitirte soñar en grande. Para hacer este ejercicio, configura un temporizador por 30 minutos y, durante esa media hora, apaga todas esas voces mentales que te dicen que eso que añoras no es posible o que es estúpido o que quién te crees para soñar algo así. Solo apágalas y sueña. No te detengas. No te preocupes por lo que es posible o imposible, ni por cómo llegarás allí. No te autoedites. Tómate 30 minutos para imaginar las posibilidades más descabelladas que se te ocurran, incluso si parecen 100% locas y poco realistas.

Date permiso para pensar en grande y no sigas leyendo hasta que hayas completado este primer paso.

PASO 2: ENFÓCATE

Una vez que te hayas atrevido a soñar con todas las posibilidades, tu próximo paso es *enfocarte* y limitar tus opciones a la única cosa que en realidad deseas hacer.

Verás, en el Paso 1, tuviste que apagar tu autoedición y autojuicio, pero este es el paso en el cual comenzarás a aterrizar todas esas grandes ideas que tienes entre las nubes. Por lo menos, aterrízalas un poco más, pues todavía no quiero que descartes algunas solo porque parezcan imposibles o poco realistas o porque no tengas ni idea de cómo lograrlas. Ni siquiera te preocupes por esa parte todavía.

Por ahora, analiza todas las cosas que soñaste en el Paso 1 y hazte las siguientes preguntas:

- ¿Por qué me emociona esta idea o por qué es importante para mí?

- ¿Siento un aleteo en el vientre o un nudo en el pecho cuando pienso en esta meta o idea? ¿Me da miedo? ¿Por qué sí o por qué no?

- En una escala del 1 al 10, siendo 1 no tan emocionado y 10 tan emocionado que apenas puedo respirar, ¿qué tan emocionado me siento con este objetivo o idea?

Ten en cuenta que es importante no apresurar este proceso. Date tiempo para pensar a fondo en cada uno de los grandes sueños u objetivos que has visualizado, identificar cuál es tu motivación detrás de cada uno y descubrir cuál es el más importante y emocionante para ti.

Lo más probable es que, a medida que hagas este ejercicio y pienses en estos grandes objetivos e ideas con los que te has atrevido a soñar, se irá haciendo evidente qué es lo que más te entusiasma y apasiona.

Cuando te hayas hecho estas preguntas con cada idea que tienes en mente, es hora de comenzar a reducir tus opciones. Descarta cualquier cosa que no sea, como mínimo, un 8 en tu escala de emoción. Ni siquiera pienses en nada que no genere una gran pasión y energía dentro de ti.

Y luego, a partir de los elementos restantes, identifica la meta o idea que suscite la mayor pasión y emoción y el mayor miedo dentro de ti. ¿Cuál es la que sientes claramente incómoda y, sin embargo, extrañamente estimulante, todo al mismo tiempo? ¿Cuál es la que sientes como ese propósito *único*, como si fuera un cambio de rumbo total o como algo que te haría saltar de la cama cada mañana? ¿Qué es eso que te hace sentir tan bien?

Pues bien, ese es tu *único* objetivo.

Y, por cierto, si nada de eso te hace sentir de esa manera, entonces, es posible que no estés pensando lo suficientemente en grande o que no tengas la suficiente práctica cuando se trata de establecer grandes objetivos. En ese caso, sería bueno que hicieras un par de cosas.

Primero, busca inspiración en otros lugares: lee biografías de personas que admiras; intenta tomar una clase (ya sea en línea o en persona); habla con un amigo de confianza, con un mentor o incluso con un terapeuta que te ayude a superar tu bloqueo mental. Luego, repite el ejercicio "Sueña en grande" del Paso 1 y concéntrese en eliminar cualquier autoedición o autojuicio.

Después, revisa todas las cosas que has escrito hasta ahora e intenta aumentarlas o potencializarlas hasta que sean mucho más motivantes y provoquen ese aleteo en tu vientre, esa emoción en tu pecho y esa chispa de pasión que te impacten más. A veces, solo tienes que esforzarte más y más.

PASO 3: COMPROMÉTETE

Aquí es donde las ruedas encuentran el camino. El tercer paso en este proceso es *comprometerte* plenamente con este gran objetivo que identificaste como el más motivante en tu vida. Escríbelo, dilo en voz alta y haz lo que sea necesario para hacerlo *realidad*.

¡Esta es la parte más aterradora de todo el proceso! Aquí es donde tu miedo, junto con tu gran motivación, se acelerarán, pues te habrás comprometido a hacer realidad este gran y loco objetivo.

No es suficiente con soñar en grande —hay muchos soñadores en el mundo—. Ni siquiera es suficiente con elegir un objetivo y enfocarte en él —hay muchos soñadores con un sueño en mente—. La clave está en el compromiso. Tienes que comprometerte por completo, tanto contigo mismo, en tu interior, como con los demás, externamente, para hacer realidad tu gran objetivo.

Debe ser lo primero en lo que piensas cuando te despiertas y lo último en lo que piensas antes de cerrar los ojos. Tiene que ser lo más importante para ti, todo el tiempo. Tiene que ser real. Porque es solo cuando te comprometas por completo que estarás motivado para trabajar un poco más duro, levantarte un poco antes o quedarte despierto un poco más tarde, salir de tu zona de confort o hacer un esfuerzo adicional para hacer lo que tengas que hacer.

¿Qué necesitarás para comprometerte con tu objetivo? ¿Necesitas decirle a alguien? ¿A varias personas? ¿Necesitas publicarlo en Facebook o escribirlo en el espejo de tu baño? ¿Necesitas hacer una inversión de tiempo o dinero? ¿Qué lo hará realidad en *tu vida?*

Porque una vez que te comprometas completamente, ya estás listo y dispuesto a hacer lo que sea necesario durante el tiempo que sea necesario incluso cuando sientas miedo y cuando las cosas se pongan difíciles. Ahí es cuando te das cuenta de que vale la pena luchar por tu sueño, pero primero, tienes que estar 100% *seguro de él.*

Sí, lo más probable será que te asustes. Sí, lo más seguro es que sentirás que no tienes ni idea de lo que estás haciendo, por lo menos, algunas veces e incluso todo el tiempo. Pero mientras estés comprometido a seguir intentándolo, llegará el momento en que lo lograrás. Siempre hay una manera incluso si en el momento no sabes exactamente cuál sea.

La clave del éxito es tener valentía, total compromiso y determinación. Debes comprometerte con tu gran objetivo, escribirlo, decirlo en voz alta a cualquiera que lo escuche y hacerlo 100% real.

Porque una vez que es real, no puedes ignorarlo y *ahí* es donde sucede la magia. Una vez que estés totalmente comprometido a hacer realidad tu gran objetivo, todos esos sacrificios que tengas que hacer —toda la sangre, el sudor y las lágrimas que tengas que donar a tu causa—, no los sentirás como una carga o una imposición. Lo harás de buena gana, sabiendo que el camino no siempre será fácil, pero valdrá la pena.

Así que adelante. Lucha por tus objetivos. Porque si no le apuntas a nada, no le darás a nada.

Capítulo 16

Encuentra tu *porqué*

Tu *porqué* debe ser más grande que tu miedo

"Si tenemos nuestro propio porqué en la vida, nos llevaremos bien con casi cualquier cómo".

Friedrich Nietzsche,
autor de *El crepúsculo de los ídolos*

En 2014, fundé Elite Blog Academy (EBA) con el fin de enseñarles a aspirantes a empresarios, escritores, oradores, artesanos, ministros y activistas a convertir sus pasiones en sus propios negocios exitosos y rentables en línea. En los años que han transcurrido desde entonces, casi 10.000 estudiantes en más de 60 países de todo el mundo han hecho este curso.

Ha sido bastante sorprendente, pero tengo que decir que una de las mejores cosas de ser mentor de otros empresarios y dueños de negocios en línea es ver la enorme transformación que ocurre cuando alguien toma una idea —a menudo, una idea que todos los demás piensan que es un poco descabellada— y la convierte en algo real y tangible, ya sea un producto o un negocio o incluso un ministerio o movimiento social.

Hay un momento en que las personas se dan cuenta de que sí son capaces de hacer mucho más de lo que creían posible y, sinceramente, no creo que nada sea más emocionante o más gratificante que ver eso.

Habiendo tenido un asiento en primera fila para presenciar tantas de estas impactantes transformaciones, siempre me sorprende la única cosa simple que todos parecen tener en común.

Tienen un *porqué* que es más grande que ellos.

Esto fue cierto para Jennifer Marx, una madre soltera que necesitaba encontrar una nueva forma de ganarse la vida cuando se hizo evidente que la industria de la guía turística en la que ella había trabajado durante casi 20 años se estaba volviendo obsoleta a gran velocidad. Cuando sus ingresos se redujeron, ella se desesperó por encontrar una nueva forma de trabajar desde casa para poder estar allí con su hija quien estaba pasando por un momento bastante difícil.

A punto de perder su casa y hundirse cada vez más en deudas, Jennifer usó su última tarjeta de crédito para comprar el curso de EBA y completarlo para empezar a hacer crecer su negocio en línea. En un año, estaba ganando más de $20.000 dólares al mes en su sitio web y pudo pagar su deuda y sacar a su familia de la mala racha.

También fue real para Caroline Vencil, quien creía que había arruinado su vida cuando, a los 18 años y de forma inesperada, se convirtió en madre adolescente. Hasta entonces, ella siempre había soñado con ser una CEO y sorprender al mundo. En cambio, se casó, abandonó la escuela y tuvo dos hijos más en muy corto tiempo.

Pero ella vio el potencial de comenzar un negocio en línea como una oportunidad para redimirse y construir una vida mejor para su familia. Tal como sucedió con Jennifer, el gran *porqué* de Caroline la llevó a invertir todo lo que tenía y completar sus cursos en línea. En cuestión de meses, los ingresos de su sitio web habían superado los ingresos de su esposo y, como directora ejecutiva de su exitosa compañía, ella había cambiado por completo la trayectoria de la vida de su familia.

Lo mismo le ocurrió a Tasha Agruso, una abogada corporativa que vivía muy estresada y pasaba largas horas defendiendo galenos en demandas por negligencia médica y, sin embargo, todo lo que ella quería era encontrar una manera de quedarse en casa con sus gemelos de tres años —los milagrosos bebés que le habían tomado más de cinco años en concebir—. El dinero que ella ganaba era bastante, pero la presión era brutal y ella quería intentar algo nuevo.

Y así, a pesar de que casi no tenía tiempo libre en su agenda, decidió hacerlo de todos modos. Pasaba cada momento libre que tenía trabajando en su sitio web de decoración del hogar y, en 16 meses, estaba ganando más dinero a través de su sitio web que como socia en su firma de abogados, así que decidió renunciar a su sociedad y alejarse de la práctica del derecho, y desde entonces, no ha vuelto la vista atrás.

Al final, Jennifer, Caroline y Tasha lograron crear negocios exitosos en línea porque su razón era más grande que su miedo. Sí, tuvieron que trabajar muy, muy duro. También tuvieron que correr riesgos y probar cosas nuevas, y tuvieron que levantarse temprano y quedarse despiertas hasta tarde. Y estoy segura de que hubo muchas ocasiones en que se sintieron frustradas o desanimadas o con ganas de rendirse. Pero fueron *porqués* lo que las mantuvieron en movimiento.

Yo también me identifico con todas estas historias, porque cuando comencé, mi *porqué* también fue lo que me mantuvo en marcha. Me puse la meta de ganar suficiente dinero para que mi esposo, Chuck, pudiera dejar su trabajo, pero la verdadera razón por la que mi meta era tan importante para mí fue porque yo sabía que su trabajo lo estaba matando.

Su vida laboral era *miserable*. Todos los días, lo veía volver a casa sintiéndose un poco más derrotado, un poco más abatido y un poco más golpeado que el día anterior. Yo sabía que él se sentía atrapado. Siempre habíamos acordado que uno de nosotros se quedaría en casa con nuestros hijos, y como ingeniero aeroespacial, él ganaba mucho más dinero del que yo pensaba que era capaz de ganar por mi cuenta.

Ese fue el *porqué* que me motivó a aprender todo lo que pude sobre bloguear y hacer crecer un negocio en línea. Fue ese el *porqué* que me llevó a despertarme a las 3:00 a.m., y a veces más temprano, todos los días durante más de tres años a trabajar mientras mis hijas dormían con tal de poder hacer mi labor de madre durante el día.

Fue ese *porqué* el que me mantuvo en marcha, incluso cuando fue difícil, confuso y frustrante y las cosas salieron mal. Fue ese *porqué* el que me empujó a salir de mi zona de confort para intentar cosas que me asustaban, como hacer videos, ir a la televisión, asistir a conferencias y participar en ellas.

Y fue ese *porqué* el que, en últimas, me ayudo a construir mi negocio.

La mejor manera, tal vez, la única de motivarte a hacer cosas difíciles, salirte de tu zona de confort y perseverar cuando las cosas se ponen difíciles es aclarar tu *porqué*. Saberlo no necesariamente te facilitará las cosas, pero hará que el dolor valga la pena. Y a veces, eso es suficiente.

¿Sabes cuál es tu gran *porqué*? ¿Sabes qué es aquello que te impulsa y le da propósito a tu vida? ¿Sabes por qué vale la pena luchar y cómo usar esa motivación para llegar hasta donde quieres ir?

Encuentra tu *porqué* y el resto será lo de menos.

GENERA TU PROPIO CATALIZADOR

Como parte de nuestro estudio sobre el miedo, mi equipo de investigación y yo descubrimos que, sin falta, cada historia que habla de superar la adversidad o vencer el miedo incluye un catalizador para superar ese miedo —algún tipo de razón que motivó al encuestado a actuar—. A veces, fue una persona la que provocó el cambio; otras veces, se trató de un evento o una tragedia; y a veces, fue solo una elección consciente. Pero siempre hubo *algo* que contribuyó a superar algún temor.

Estábamos intrigados por este descubrimiento. Comprobar que cada acto de valentía está precedido por cierta especie de catalizador nos impulsó a profundizar un poco más para ver si existía un método para clasificarlos de manera útil. Al final, nos dimos cuenta de que todos ellos se resumen en cinco categorías:

- trauma, tragedia o evento importante de la vida

- una oportunidad externa

- motivación o rendición de cuentas

- inspiración o educación

- inconformidad con el *statu quo* y una elección consciente para hacer un cambio

Catalizador   Continuo

En su mayor parte, estos catalizadores pueden extenderse en un continuo que abarca desde factores externos como circunstancias que están 100% fuera de nuestro control hasta factores internos como elecciones intencionales y circunstancias que no podemos controlar. Entonces, por ejemplo, en el lado externo del continuo, un catalizador puede incluir un evento traumático o una tragedia —algo que nos sucedió y que nos impulsó a actuar—. En el lado interno del continuo, el catalizador puede ser una elección consciente para actuar y no dejar que el miedo se interponga en nuestro camino.

Donde las cosas se ponen realmente interesantes es en la gama de catalizadores que se encuentran en algún punto intermedio —esos catalizadores que son una combinación de intencionalidad y circunstancia, de trabajo y suerte, de jugar la mano que te repartan y dejar que las fichas caigan donde sea—. Estos incluyen circunstancias como oportunidades que, a menudo, provienen del exterior, pero también pueden requerir que salgas y crees las tuyas. Los catalizadores de rango medio también incluyen la rendición de cuentas, que puede suceder tanto de manera intencional como inadvertida, así como la inspiración o la instrucción, que involucra tanto al donante como al receptor.

Entonces, ¿por qué importan tanto estos catalizadores cuando se trata de superar el miedo?

Bueno, son importantes porque muestran que tenemos más control del que pensamos que tenemos con respecto a generar fuerzas que nos motiven a superar nuestro miedo. No todos tenemos la fuerza de voluntad o el impulso de "decidir" superar nuestro miedo —aunque estemos en control de hacerlo—, pero sí *podemos* buscar formas de hallar inspiración, hacer rendición de cuentas y encontrar mejores oportunidades de forma intencional.

Por lo tanto, si tienes problemas para conectarte con tu *porqué* más importante o para encontrar la motivación necesaria para seguir adelante o superar tus dudas, te será útil comenzar utilizando algunos catalizadores que te mantengan conectado con ese sentido de propósito.

Si estás tratando de reunir la valentía que necesitas para iniciar un negocio, tu catalizador podría ser tan simple como escuchar un podcast inspirador o empresarial todas las mañanas —algo que te motive a actuar—. Si estás tratando de alcanzar una meta relacionada con la pérdida de peso, tu catalizador deberá estar relacionado con contratar a un entrenador o unirte a un gimnasio para así tener quien te ayude a hacer tu rendición de cuentas. Si estás tratando de obtener una promoción en el trabajo, tu catalizador deberá ser algo como tratar de generar más oportunidades de ascenso tomando la iniciativa de pedirle a tu jefe que te delegue más responsabilidades.

Si sientes que tu *porqué* es demasiado difícil en el momento, concéntrate en crear un entorno a tu alrededor que te ayude a prepararte para el éxito. Quizá, no tengas control sobre todas las circunstancias de tu vida, pero sí tienes control sobre muchas más de las que crees. Diseña y aplica tus propias estrategias y genera catalizadores que sepas que, en determinado momento, te ayudarán a hacer los cambios que deseas lograr.

CONÉCTATE CON UN PROPÓSITO MÁS GRANDE

No hace mucho, establecí una meta para estar en el mejor estado físico y la mejor forma posibles cuando cumpliera 40 años. Después de ocho años enfocándome en hacer crecer mi negocio y de pasar casi todas las horas de vigilia frente a la pantalla de una computadora, noté cómo, poco a poco, mi peso se elevaba en la báscula, ayudado por una dieta no tan saludable, en la que los Doritos hacían parte de mi grupo alimenticio más importante. Sabía que tenía que hacer cambios drásticos en mi alimentación y en mi estilo de vida sedentario.

No era que no hubiera reconocido el problema en el pasado, ni que no hubiera tratado de perder peso antes. Probé la dieta de la sopa de col, la dieta GM, la dieta Fat Flush, la dieta Fast Metabolism y la dieta Zero Belly, entre otras. Las fáciles y artificiosas resultaron en una pérdida rápida de un peso que después recuperé. Las otras eran demasiado complicadas y me llevaba mucho tiempo seguirlas durante más de unos pocos días.

Entonces, comencé a decirme a mí misma que hacer crecer mi negocio era mi prioridad y que, por ahora, no tenía tiempo para concentrarme en perder peso, hacer ejercicio o tratar de comer de manera saludable. Traté de convencerme por todos los medios de que el aumento de peso no era tan malo y que, gracias a mi estatura alta, lo más probable sería que mis kilos extra ni siquiera se notaran.

Pero en el fondo, me estaba sintiendo cada vez más incómoda en mi propia piel. Comencé a evitar mirarme al espejo y a alejarme de mi esposo, pues no quería que él viera mi cuerpo. En el trabajo, dejé de ubicarme en lugares donde mi presencia fuera muy visible o notoria. Les decía que no a las oportunidades de aparecer en los medios y evitaba los videos y la fotografía. Dejé de publicar fotos mías en las redes sociales.

Además, había comenzado a creer que nunca iba a poder perder peso y dejé de intentarlo.

Pero entonces, sucedió algo. Fui a un retiro personal y pasé cinco días leyendo, escribiendo y reflexionando sobre lo que estaba sucediendo en mi vida y en mi negocio y en lo que realmente quería hacer. Y allí, tuve un par de epifanías muy importantes para mí. La primera fue que mi matrimonio no estaba prosperando. Me estaba escondiendo de todos, incluido mi esposo, y como resultado, estábamos teniendo problemas de pareja. En segundo lugar, mi negocio no iba bien. Gran parte de nuestro éxito como empresa fue el resultado directo de mi capacidad para conectarme con la gente y ser real, y ya no lo estaba haciendo.

Por primera vez, me di cuenta de que la forma en que me sentía acerca de mi físico estaba directamente relacionada con mi objetivo más grande —mucho más importante y mucho más motivador que tener un buen matrimonio y un negocio exitoso—. Y tan pronto como pude conectar mi objetivo de perder peso y ponerme en mejor forma con mi objetivo superior, encontré la motivación para lograrlo.

Ahora, ten en cuenta que saber mi *porqué* y conectarme al propósito superior no hizo que perder peso fuera más fácil. Todavía tenía que hacer el trabajo de contar mis calorías y hacer ejercicio, incluso cuando no tenía ganas. Todavía tenía que buscar y aplicar estrategias como contratar a un entrenador para que me dirigiera y responsabilizarme frente a él e inscribirme en un servicio de entrega de comidas que hacía mucho más fácil elegir opciones saludables. Todavía tenía que elegir dejar de comer Doritos.

Y la mayoría de las veces, no fue divertido. Porque odio el ejercicio y me encantan los Doritos más de la cuenta. Pero conectarme con ese propósito superior me mantuvo en marcha cuando las cosas se pusieron difíciles. Me recordaba que los sacrificios que estaba haciendo valían la pena y que el dolor que sentía también valía la pena.

Tu gran propósito podría no tener nada que ver contigo mismo. Tu motivación podría estar impulsada por un sentido de responsabilidad u obligación con tu familia, con tus amigos o con una causa en la que creas profundamente. Tal vez, te sientas llamado por Dios y tu propósito es serle obediente. Tal vez, tu motivación sea querer ser independiente desde el punto de vista financiero, porque esa es tu forma de sentirte libre. Quizá, solo quieras marcar la diferencia en el mundo.

HAZ DE TU *PORQUÉ* EL CENTRO DE TUS PENSAMIENTOS

Cuando ya te hayas conectado a tu propósito más importante, es crucial tener ese *porqué* en mente y seguir recordándote a ti mismo una y otra vez que eso es lo que más te importa por ahora.

Porque es fácil de olvidar, en especial, cuando las cosas se ponen difíciles.

Y no te equivoques, ¡las cosas se pondrán difíciles! Porque cada vez que persigues un gran objetivo o decides salir de tu zona de confort o te enfrentas a un miedo o estás a punto de hacer algo realmente importante o realmente genial, es ahí cuando las cosas comienzan a ponerse difíciles, incómodas, dolorosas y muy, muy reales.

Para mí, no fue suficiente con conectarme a mi propósito más amplio solo una vez. Tenía que recordármelo a diario, todas las mañanas. Necesitaba tener presente por qué este objetivo de perder peso era tan importante para mí.

Tenía que recordar cómo el hecho de cumplirlo impactaría mi matrimonio. Necesitaba pensar en todas las cosas que quería para mi negocio y recordarme que estar en la mejor forma posible era el primer paso en el camino a lograrlas. No me hizo desear menos mis ganas de comer muchos Doritos, pero me ayudó a mantenerme fuerte y también me ayudó a volver a la normalidad esas veces en que cedí a la tentación (que son más frecuentes de lo que me gustaría admitir).

Para ti, significará escribir tu *porqué* en un lugar donde puedas consultarlo con frecuencia, en un diario o en tu agenda o incluso en una cartelera en tu oficina. Tal vez, necesites construir un tablero de inspiración, una representación visual de tu *porqué* o publicar una imagen que te recuerde tu propósito más anhelado. Podría ser tan simple como escribirlo en el espejo de tu baño para que lo leas todas las mañanas mientras te cepillas los dientes.

O podría ser todo lo anterior.

El punto es asegurarte de que estás haciendo todo lo que está en tu poder para conectarte una y otra vez con tu *porqué* y mantener presente ese propósito supremo. Debería ser algo a lo que te refieras a diario, incluso varias veces al día, si es necesario. Debería ser lo primero en lo que piensas por la mañana y lo último en lo que piensas por la noche.

De esa manera, cuando las cosas se pongan difíciles, estarás equipado con un *porqué* tan, pero tan importante y fuerte que consigas aplastar todos y cada uno de tus miedos.

Capítulo 17

Diseña tu plan de acción
Divide tus grandes objetivos
en partes manejables

"Un objetivo sin un plan es solo un sueño".	*Dave Ramsey*

No todos aprecian un buen plan tanto como yo.

Por ejemplo, mi esposo. De hecho, cuando se trata de planificar con anticipación, mi esposo y yo somos tan opuestos como dos personas pueden serlo. A mí me encanta saber qué hay en la agenda mientras que él tiende a estresarse cuando hay más de dos cosas en su lista de tareas pendientes.

Por fortuna, a lo largo de los años, hemos aprendido, por lo menos, a tolerar las peculiaridades de cada uno y a encontrar un equilibrio que nos funcione a los dos. Yo me apego a un plan bastante lleno de cosas por hacer de lunes a viernes e intento dejar los sábados y domingos abiertos para lo que sea. Supongo que podría llamarse espontaneidad planificada o, tal vez, tiempo libre programado.

Entonces, ¿por qué te estoy diciendo esto? Supongo que es, más que todo, para decirte, antes de sumergirnos en el meollo de mi propio sistema para planificar mi tiempo, que *entiendo* que la planificación no es para todos. Y eso está bien. Pero también sé que, sin un plan de acción sólido, la mayoría de las personas girará en círculos y sin rumbo fijo.

En el Capítulo 15, hablamos sobre la importancia de luchar por nuestros objetivos —permitirnos la libertad de soñar en grande para luego enfocarnos y *comprometernos* con un gran objetivo, uno tan grande que nos asuste—. También dije que se vale preocuparnos por el *qué* sin tener que preocuparnos todavía por el *cómo*.

Dicho esto, una vez que empiezas a pensar en grande y luego te enfocas en qué es lo que realmente quieres y por qué lo quieres, llegas a un punto en el que tendrás que empezar a pensar en el *cómo*.

Entonces, si bien prefieres ser flexible y adaptable, hasta podrías lograr muy buenos resultado de esa manera. Pero si en realidad quieres lograr tus grandes metas y sueños, necesitarás un plan sólido. A medida que avanzamos en este proceso de creación de tu plan de acción, ten en cuenta que, por tu propia tranquilidad (o la de tu cónyuge), es posible que también necesites incluir un tiempo no estructurado en tu plan.

DESGLOSANDO UN PLAN GRANDE EN PARTES PEQUEÑAS

Entonces, ¿cómo funciona exactamente este proceso de tomar una gran meta y convertirla en un plan de acción que te lleve a donde quieres llegar? Después de todo, una cosa es soñar con ideas locas, pero otra cosa es conseguirlas. Entonces, ¿dónde comenzar?

Más que nada, desglosar un plan es el proceso de dividir el gran objetivo que tengas en partes pequeñas. Es pasar de decir "algún día" a decir "este año"; luego, de este año a "este mes"; de este mes a "esta semana" y de esta semana a "hoy". Es comenzar con las cosas importantes e ir comprimiéndolas en decisiones diarias y pasos de acción que deberás dar para llegar a donde quieres ir. Después de todo, lograr los objetivos más importantes nunca sucede de una sola vez. Siempre es una cuestión de movimiento continuo en la dirección correcta.

Y si bien esto suena súper sencillo de hacer —y lo es—, es sorprendente observar cuántas personas nunca se toman el tiempo para hacerlo así. Son más quienes afrontan sus días, semanas, meses y años, y su vida en general, con la mentalidad de "¿qué es lo más urgente hoy?", enfocando su energía y esfuerzo en aquello que les parece importante y urgente en el momento, pero sin pensar en cómo todo esto encajaría en su panorama general, si lo tuvieran. Siempre están ocupados, pero no siempre *con un propósito* en mente.

Lo que pasa con la vida es que nuestro tiempo siempre estará copado y siempre habrá cosas que hacer, sin importar cuáles sean. Para la mayoría de las personas, siempre habrá más cosas que hacer que horas en el día.

Entonces, si es así, en algún momento tenemos que elegir. Y si siempre elegimos lo que es urgente sobre lo que es importante, los grandes objetivos serán imposibles de alcanzar. Y es muy probable que, si de verdad estás luchando con la idea de establecer grandes objetivos o con la creencia de que no hay forma de lograrlos, te hayas quedado atrapado en el patrón de elegir lo urgente sobre lo importante desde hace ya bastante tiempo.

Es difícil sacar tiempo para lograr esos grandes objetivos cuando no los sientes tan apremiantes como cuando afrontas una crisis o cuando ves que los resultados se darán en un futuro lejano y no ahora mismo. Eso es especialmente cierto cuando un gran objetivo implica algo duro o doloroso o menos que placentero. Nuestra inclinación natural es posponerlo a favor de lo que nos parece más importante en el momento o de lo que sea que nos dé esa sensación inmediata de satisfacción.

Pero es exactamente por eso que es tan importante dividir los grandes objetivos en partes más pequeñas y luego esas partes en pedacitos aún más pequeños y manejables hasta que tengamos un conjunto de tareas que nos parezcan factibles de hacer y que, una vez realizadas, nos brinden satisfacción a corto plazo y la sensación de logro al marcarlas en nuestra lista de cosas por hacer y también la satisfacción a largo plazo de saber que estamos un paso más cerca de nuestro gran objetivo.

Entonces, por ejemplo, si tu gran objetivo es estar 100% libre de deudas, lo más probable es que uno de tus objetivos para este año sea pagar todas tus tarjetas de crédito y tu gran objetivo este mes sea pagar la tarjeta de crédito con el saldo más pequeño y tu gran objetivo cada semana sea revisar tus gastos y tu gran objetivo cada día sea dejar de comer afuera y dejar de ir a Starbucks.

Del mismo modo, si tu gran objetivo es convertirte en un novelista *bestseller*, entonces, uno de tus grandes objetivos este año sería escribir tu primer libro, tu gran objetivo este mes será escribir los primeros cuatro capítulos, tu gran objetivo cada semana será completar cada capítulo y tu gran objetivo cada día será escribir 1.000 palabras como mínimo.

Si tu gran objetivo es correr una maratón, a pesar de que en este momento tienes 40 libras de sobrepeso, entonces, uno de tus grandes objetivos este año sería correr tus primeros 10 km., tu gran objetivo este mes sería correr una milla completa sin parar y tu gran objetivo cada semana será correr, por lo menos, tres veces después de un programa Couch-to-10K. Y a partir de ahí, aún tendrás que tomar la decisión diaria de correr o no correr.

Y, por cierto, si estos te parecen objetivos grandes, locos y audaces, es porque lo *son*, ¡ese es el punto! Si los objetivos que eliges no son lo suficientemente grandes como para asustarte un poco, entonces, antes de continuar, es posible que desees revisarlos y ver si puedes elegir unos más grandes. Recuerda, el cielo es el límite. Solo alcanzarás la grandeza si la buscas de verdad.

Pero ¿ves cómo funciona esto? Simplemente, tomamos un gran objetivo y lo dividimos en pasos más pequeños y factibles en los que sea fácil concentrarnos, pero que también nos acerquen al gran objetivo.

PLANEA TU TIEMPO

Por supuesto, cuando ya nos ponemos en marcha para tratar de lograr nuestras grandes metas es cuando las desglosamos en metas mensuales por medio de una lista de tareas que podamos implementar cada semana.

Me gusta comenzar mi plan semanal utilizando una hoja de planificación especial que me ayuda a identificar el propósito más *grande* y más importante esta semana —el enfoque primordial—, así como las tres tareas principales, las tareas "A", que debo realizar al 100% esta semana para acercarme a mis objetivos.

MI *único* PROPÓSITO

Mis bloques de *enfoque*

UNO _____ : _____ / _____ : _____

COSAS QUE DEBO HACER

○ _____
○ _____
○ _____
○ _____

DOS _____ : _____ / _____ : _____

COSAS QUE NECESITO HACER

○ _____
○ _____
○ _____
○ _____

TRES _____ : _____ / _____ : _____

COSAS QUE ME GUSTARÍA HACER

○ _____
○ _____
○ _____
○ _____

CUATRO _____ : _____ / _____ : _____

○ COSAS QUE OTROS NECESITAN QUE YO HAGA

○ _____
○ _____

CINCO _____ : _____ / _____ : _____

UN DÍA *exitoso* ES

SEIS _____ : _____ / _____ : _____

CÓMO LO *celebraré*

Debido a que ninguno de nosotros vive desocupado, además de nuestras tareas más importantes, las que nos acercarán a nuestro objetivo primordial, siempre habrá cosas en nuestra vida que debemos hacer —todas esas cosas que solíamos priorizar, porque nos parecían las más urgentes—. Y aunque son importantes, deben considerarse tareas "B" —cosas que *debemos* realizar, pero no a expensas de nuestras tareas "A".

¡Recuerda, tus tareas "A" son las que te acercarán a tu objetivo a largo plazo! Entonces, si bien en este momento parecería más importante responder a un correo electrónico urgente, echar a la lavadora un montón de ropa o llevar la cena a la mesa, la realidad es que, si quieres ser más productivo y alcanzar tu gran objetivo, debes ¡enfócate en tus tareas más grandes e importantes! Después de todo, el correo electrónico siempre estará allí; podrás llamar a algún restaurante y ordenar comida; y mientras todavía tengas ropa interior limpia, lo más probable es que echarás a lavar la ropa en cualquier momento.

Luego están tus tareas "C". Estas son las cosas que te gustaría hacer si tienes tiempo extra, pero que no necesariamente tienes que hacerlas y podrías posponerlas sin ningún problema hasta la semana siguiente si fuera necesario. Nunca las hagas si tus tareas "A" no han sido tachadas de tu lista de cosas por hacer que ya hiciste.

Ahora, una vez que haya completado tu hoja de planeación semanal, hay un paso más a seguir cuando de esto se trata. Verás, una vez que tengas una idea clara de lo que debes hacer y el orden de importancia de cada una de las tareas que incluiste, tendrás que apartar el tiempo en tu agenda para ejecutar todas y cada una de ellas. Recuerda que solo hacemos aquello a lo que le damos tiempo, así que, si no apartas el tiempo para tus prioridades primordiales, el tiempo, sencillamente, se diluirá como agua entre tus dedos.

En esencia, este es un proceso de hacer citas contigo mismo para realizar tus tareas y necesitas tomar cada cita tan en serio como lo harías si esta fuera con una persona y estuviera programada allí en tu calendario. Comienza por apartar el tiempo para cumplir las citas reales —aquellos eventos, reuniones y compromisos preexistentes que no puedes trasladar, porque no dependen de ti.

A continuación —y esta es la parte realmente importante—, aparta el tiempo en tu agenda para hacer todas tus tareas "A", las que te acercarán a tu gran objetivo. Ten en cuenta que te parecerá extraño, al menos, al principio, apartar tiempo para cosas que quizá no sean extremadamente urgentes o apremiantes en el momento. Pero para lograr que tu gran objetivo sea una prioridad en tu vida, deberás reservar un bloque de tiempo y luego protegerlo de la misma manera en que protegerías una de tus otras citas o reuniones.

Ahora, después de haber programado el tiempo para hacer tus tareas "A", saca el tiempo para hacer tus tareas "B", sobre todo, las más apremiantes. De nuevo, te parecerá extraño al principio, pero apartar el tiempo es la mejor manera que he encontrado para asegurarme de estar al tanto de todas mis responsabilidades.

Los siguientes son algunos consejos más para tener en cuenta:

- Programa siempre más tiempo del que creas que necesitarás para realizar una tarea importante. ¡Las cosas casi siempre tardan más de lo que pensamos! Comienza dándote el doble de tiempo que creas que necesitarás y luego redúcelo al 50%, una vez hayas mejorado tu habilidad de cálculo del tiempo.

- Si puedes, intenta programar tu tiempo en bloques de una o dos horas. Las investigaciones sobre el tema muestran que esta es la cantidad óptima de tiempo para trabajar por tramos —el tiempo suficiente para poder profundizar, pero no tanto como para que tu mente comience a dispersarse.

- Programa bloques de almacenamiento intermedio cada día. Estos son fragmentos de tiempo no estructurado para ponerte al día si te atrasas o para manejar cualquier asunto urgente que surja ese día. Ten en cuenta que, cuanto más impredecible sea tu día, más tiempo almacenado deberás incluir en tu agenda.

- No te olvides de tener en cuenta el tiempo que necesitas para transportarte de un lado a otro y/o de preparación.

- No tengas miedo con respecto a programar bloques para la diversión y la recreación —tiempo para hacer ejercicio, meditación, mirar televisión, leer, estar en familia o, simplemente, tiempo libre no estructurado. Todos necesitamos un descanso a veces y planificar el tiempo de inactividad te permite disfrutarlo sin sentir culpa, sabiendo que no hay nada más que "deberías" estar haciendo en ese momento.

La clave del éxito en todo esto es comprometerte y honrar tus citas contigo mismo de la misma manera en que honrarías un compromiso con otra persona. Y como cualquier otra cosa en la vida, cuanto más lo practiques, más fácil te será programar tu tiempo.

DECISIONES DIARIAS

Desearía poder decirte que, ahora que has recorrido todo el proceso de convertir tus grandes sueños en pequeños pasos y has aprendido el secreto de distribuir tu tiempo, todo va a ser fácil a partir de este momento. Después de todo, has descubierto lo que quieres y lo que debes suceder para llegar allí. El trabajo duro está hecho, ¿verdad?

No tanto.

La realidad es que, si bien ahora tienes una hoja de ruta clara, o, en términos modernos, ya has programado tu GPS, aún tienes que conducir el automóvil y llegar a tu destino.

En otras palabras, debes tomar la decisión diaria de seguir adelante con tu plan y hacer el trabajo. También debes tomar la decisión diaria de concentrarte en tus tareas más grandes e importantes. Y además, debes tomar la decisión diaria de ser lo más productivo posible.

Esta no siempre es una decisión que se toma con facilidad. A veces, cuando todo *parece* difícil, no tenemos ganas de hacer el trabajo que nos comprometimos a hacer. Otras veces, somos absorbidos por la tiranía de lo urgente —el correo electrónico que necesita nuestra atención, el proyecto en el trabajo que tenemos que entregar de inmediato, el comentario sarcástico de nuestra hermana, el dramático alboroto que estalla en aquella reunión al cual juramos no prestarle tanta atención, la nueva dieta de moda de la que todos están comentando— y es difícil mantener nuestro enfoque en el gran objetivo.

Hace unos años, leí un libro que cambió para siempre la forma en que abordaba mi lista de tareas diarias. Se llama *Eat That Frog: 21 Great Ways to Stop Procrastinating and Get More Done in Less Time*, por Brian Tracy. El libro recibe su nombre de una cita a menudo atribuida a Mark Twain: "Cómete una rana viva todas las mañanas y nada peor te sucederá el resto del día". Tracy escribe: "Si te tienes que comer dos ranas, cómete primero la más fea"[11].

El punto de la cita —y del libro— es que, si comienzas tu día abordando tus tareas más difíciles (más feas), pero más importantes, ya habrás hecho bastante, incluso si no haces mucho más durante el resto del día.

La vida avanza rápido y es muy fácil dejarnos atrapar por las tareas cotidianas, aunque esenciales. Con frecuencia, pasamos la mayor parte del día apagando incendios y reaccionando ante otras personas en lugar de trabajar proactivamente para lograr las cosas que en realidad queremos hacer.

El principal problema para vivir de esta manera es que nuestra fuerza de voluntad se agota. Cada mañana, comenzamos el día con una cierta cantidad de autodisciplina y, a medida que avanzamos en la jornada, nuestra fuerza de voluntad tiende a agotarse. Cuando comenzamos la mañana enfocándonos en lo mundano y fácil, desperdiciamos nuestras reservas. Así que comernos nuestras ranas feas a primera hora de la mañana significa tener suficiente energía y disciplina para querer hacer las cosas.

En un día cualquiera, todos tenemos que comernos nuestras propias ranas. Si nos tomamos en serio el logro de nuestros objetivos y el cumplimiento de nuestros sueños sin importar cuáles sean, entonces, debemos tomar la decisión diaria de hacer algo, cualquier cosa, para acercarnos un poco más a la línea de meta.

Tenemos que ser decididos para asegurarnos de que las cosas grandes se hagan primero. Debemos aceptar la verdad de que, si no nos tomamos el tiempo para poner de primeros nuestros objetivos a largo plazo, *nunca habrá suficiente tiempo o energía para cumplir nuestros sueños.* Las obligaciones de lo cotidiano siempre terminarán por absorbernos.

Con los años, he aprendido una y otra vez que crear buenos hábitos es la clave para poder hacer las cosas. Mientras más buenos hábitos establezcamos para nosotros mismos, más fuerza de voluntad y energía mental nos sobrará para perseguir nuestros sueños.

Por lo tanto, si podemos hacer que la meta de trabajar en nuestras tareas más importantes sea un hábito, algo que sucede de manera automática y sin pensarlo, la parte del piloto automático de nuestro cerebro se activará y tendremos más disciplina almacenada para abordar también esas tareas "B" y "C" que hacen parte de nuestro plan diario. Si bien parece casi demasiado bueno para ser verdad, el hecho es que, cuanto más pongamos en piloto automático, más reserva de fuerza de voluntad nos quedará para las cosas que importan. En última instancia, nuestros hábitos diarios determinarán lo que hacemos, razón por la cual debemos hacer que cuenten.

Por eso creo que lo mejor que harás por tu productividad y por tus grandes metas y sueños es reservar los primeros 15 minutos de tu jornada para planificar tu día.

Para mi planificación diaria, uso notas adhesivas que me sirven para comenzar bien el día y mantenerme dinámica y concentrada en mis tareas más grandes e importantes. Son, literalmente, mi plan para hacer que el día sea productivo. Me dan el enfoque y la claridad que necesito para hacer las cosas, a menudo, más y mejor de lo que pensé. Sé que parecerá una pérdida de tiempo realizar este proceso todos los días, sobre todo, cuando muchas de nuestras tareas son las mismas día a día, pero te prometo que este método es muy útil para aumentar la cantidad de cosas que podemos lograr.

Cuando no nos tomamos el tiempo para hacer un plan, terminamos dando vueltas por un lado y otro y perdiendo tiempo. Pero cuando creamos nuestro propio plan de acción diario y desglosamos nuestros grandes objetivos en partes manejables, es mucho más fácil mantenernos en el camino indicado.

Y así es como nuestras decisiones diarias conducen a grandes cosas.

Cómo usar el planeador diario para planificar tu día

Mi único propósito. ¿Qué es lo único que necesito hacer hoy para facilitar todo lo demás? Este debería ser tu enfoque principal para el día. Asegúrate de que las tareas que elijas reflejen este enfoque.

Cosas que debo hacer. Estas son tus tareas "A", las cosas que te acercarán un paso más a tus grandes objetivos. Ponlas primero en tu lista para asegurarte de dedicarles el tiempo que merecen.

Cosas que necesito hacer. Estas son tus tareas "B", las cosas que debes hacer, pero que no se relacionan necesariamente con tu gran objetivo.

Cosas que me gustaría hacer. Estas son tus tareas "C", las cosas que te encantaría llegar a hacer si tiene tiempo, pero que no te harán sentir tan mal si no logras hacerlas. ¡Ten cuidado de no poner aquí ninguna tarea "A"!

Cosas que otros necesitan que yo haga... Aquí es donde incluyes cualquier solicitud de otras personas, tareas que alguien te ha pedido que hagas, pero que no necesariamente se ajustan al resto de tu día.

Un día exitoso es ¿Cómo medirás el éxito de tu día? ¿Qué tiene que pasar para que sientas que lograste tu objetivo diario? ¿Hiciste o pasó algo en particular? ¿O simplemente te las arreglaste para mantenerte enfocado todo el día? Establece tu intención con anticipación para tener una marca de éxito clara.

Cómo lo celebraré. ¿Cómo celebrarás tu victoria? Celebrar te mantiene energizado y entusiasmado con tu alto nivel de productividad y te recuerda que estás progresando. ¡Asegúrate de elegir una forma de autocomplacerte con algún capricho!

MI *único* PROPÓSITO

COSAS QUE DEBO HACER

COSAS QUE NECESITO HACER

COSAS QUE ME GUSTARÍA HACER

COSAS QUE OTROS NECESITAN QUE YO HAGA

UN DÍA *exitoso* ES

CÓMO LO *celebraré*

Capítulo 18

Forma tu propio club de la verdad

Rodéate de personas que te harán mejor

"Si pasas tiempo con pollos, cacarearás. Y si lo pasas con águilas, volarás". | *Steve Maraboli*

Siempre sé cuándo he encontrado a alguien que forma parte de "mi gente", como me encanta decir. Mis amigos más cercanos son aquellos con quienes siempre puedo ser brutalmente real —honesta y vulnerable—, con quienes nunca me preocupo si me juzgan y que nunca tienen miedo de profundizar sobre ningún tema.

Por lo general, puedo detectar quiénes son de inmediato, pero no siempre. Con mi amiga Gry, por ejemplo, la conexión fue casi instantánea. Las dos nos encontrábamos asistiendo a una conferencia y, tan pronto como ella levantó la mano y expresó con total franqueza lo que estaba pensando —una opinión que no tendría tanta acogida—, supe que ella y yo estábamos destinadas a ser amigas. Entonces, terminé extendiendo mi viaje y buscándola por todo el hotel solo para proponerle que conversáramos un día más.

Pasamos un muy buen día y luego nos despedimos y cada una siguió su camino, y aunque nos enviamos mensajes de texto varias veces, no volvimos a hablar sino hasta 18 meses después, cuando yo me encontraba en la Ciudad de Nueva York, donde ella vive. Le envié un mensaje de texto para ver si estaba libre y almorzábamos juntas. Lo estaba y el almuerzo se convirtió en otro café después de almorzar, que se convirtió en *happy hour*, que se convirtió en cena.

Y fue ahí cuando lo supe: los mejores amigos son aquellos que te acogerán como si te hubieras visto con ellos ayer, incluso después de meses o años de no haber hablado.

El caso es que amo a Gry, porque ella me dirá sin rodeos que soy una idiota y que necesito ponerme de acuerdo conmigo misma, saber qué es lo que quiero y hacer el cambio. Ella no tiene miedo de ser real, ni tampoco de decir las cosas difíciles que otras personas no se atreven a decir. Además, me agrada pensar que yo haría lo mismo por ella.

En cambio, con mi amiga Susie la conexión no fue tan instantánea. Susie es rubia, dulce como el azúcar y la persona más alegre y positiva que he conocido. Ella no ama nada más en la vida que las fiestas y admito que, cuando la conocí, asumí que era una cabeza hueca y que no tendríamos nada en común.

Luego, nos sentamos una frente a la otra a cenar y comenzamos a hablar sobre nuestra infancia y sobre lo que fue crecer con una madre que tenía una enfermedad mental. La conversación fue profunda, cruda y vulnerable. Muy pronto, me di cuenta de que la había juzgado mal por completo.

Susie es muy brillante. No solo eso, su entusiasmo y positividad no son para nada superficiales, sino luchadas y ganadas a pulso. Susie ha superado la pobreza, la falta de vivienda y un primer marido abusivo —circunstancias que, fácilmente, derrotarían a la mayoría de la gente— y, a pesar de todo eso, se negó a darse por vencida y a sacar excusas.

Y luego está Laura, de quien sabía que era mi gente desde mucho antes de conocerla. Ella era amiga íntima de Gry y Susie y ellas me dijeron que sería bueno que ella y yo nos conociéramos y le dijeron lo mismo a ella. Cuando por fin nos conectamos, fue como si hubiéramos sido amigas desde siempre.

Estas tres mujeres, cada una inteligente, divertida y real, forman mi "club de la verdad". Ellas son las que me animan y me llaman a cuentas, no tienen miedo de decirme que estoy equivocada, pero también me animan cuando voy por el camino correcto. Me hacen reír, me hacen llorar, pero siempre, siempre, siempre son sinceras y auténticas. No hay pretensiones, ni posturas, ni mentiras entre nosotras —nada más que verdad, vulnerabilidad, autenticidad y un deseo mutuo de superar nuestros miedos para que podamos ser lo mejor de nosotras mismas.

Nos reunimos en persona cada pocos meses durante tres días y por conferencia telefónica una vez al mes solo para ponernos al día y hacer rendición de cuentas mutuas. Nos enviamos mensajes de texto de manera regular. A veces, para animarnos; a veces, para pedirnos consejos, pero siempre, para ofrecernos apoyo.

No podría estar más agradecida por estas tres mujeres y por otras amistades profundas y sinceras que he hecho a lo largo de los años. Me encanta tener personas en mi vida que me digan la verdad, pase lo que pase, y cuanto más envejezco, más me doy cuenta de lo valioso que es tener este tipo de relaciones en mi vida —amistades que no son superficiales, sino que fomentan la práctica de la verdadera rendición de cuentas—. Relaciones que te hacen creer que eres capaz de mucho más.

CON QUIEN TE RODEES ES EN QUIEN TE CONVIERTES

El autor y empresario Jim Rohn dijo en una ocasión que somos el promedio de las cinco personas con las que pasamos la mayor parte del tiempo[12]. Y aunque pareciera una exageración, la realidad es que nuestras amistades y relaciones tienen un gran impacto en la forma en que vivimos nuestra vida, nos demos cuenta de ello o no.

La presión que sentimos con respecto a encajar en el grupo y conformarnos comienza desde nuestra juventud y nunca desaparece del todo. Nos vestimos de cierta manera, hablamos de cierta manera, participamos en ciertas actividades, vemos ciertos programas de televisión, comemos ciertos alimentos, animamos a ciertos equipos deportivos, nos simpatizan ciertas celebridades, manejamos ciertos autos, votamos de cierta manera, compramos en ciertas tiendas, leemos ciertos libros y discutimos ciertos temas, porque las personas que nos rodean —el círculo del cual nos hemos rodeado— están haciendo lo mismo.

Creemos que estamos tomando nuestras propias decisiones, pero ¿de verdad lo hacemos?

¿Cuánto cambiarían nuestros gustos si de repente nos desarraigamos de nuestro entorno y nos sumergiéramos en una comunidad 100% diferente a la que pertenecemos ahora?

El año pasado, mi esposo y yo nos mudamos a Lynden, Washington, por un año, para poder estar más cerca de mi madre a quien, hacía poco, le habían diagnosticado demencia. Con una población descendiente principalmente de inmigrantes holandeses, Lynden es una de esas ciudades cuya apariencia es demasiado pintoresca para ser real. Habiendo crecido en ese pequeño pueblo, nunca me di cuenta de todas las sutiles normas sociales y comportamientos que son exclusivos de la comunidad, pero mi esposo, siendo un recién llegado, sí lo notó.

Por ejemplo, en Lynden, cada vez que conoces a alguien, tienes que "hacer la conexión". Es un proceso llamado "bingo holandés". Conoces quién es la familia de la persona y cómo podrían estar todos ellos conectados contigo bien sea a través de la iglesia, la escuela o los lazos familiares. A Chuck siempre le pareció raro que completos extraños conectaran de alguna manera que el primo de su suegro estaba casado con la cuñada de su tía abuela (¡o algo así!).

También notamos otras cosas mientras vivimos en aquella pequeña ciudad durante ese año. Por ejemplo, muchas de las madres tienen un estilo muy distintivo de vestirse—similar entre sí, pero muy diferente a la forma en que las madres se visten en Florida—. Además, nadie corta el césped el domingo y las conversaciones tienden a centrarse en los deportes. No es que todos intenten conformarse a ese estilo de vida a propósito, sino que se mueven en medio de una cultura muy distinta y, viviendo allí, fue imposible no sentirnos impactados por ella.

Por supuesto, Lynden es única en cuanto a que la mayoría de las personas ha vivido allí toda su vida, en familias que han estado allí durante generaciones, lo que la convierte en una sociedad cerrada. Y aunque la mayoría de los círculos sociales no es *tan* homogénea, sí tiende a desarrollar sus propios conjuntos de normas.

Y no es que haya nada de malo en eso, siempre y cuando estés seguro de que las normas con las que estás conviviendo —de manera consciente o no— sean las normas bajo las que de verdad *quieres* vivir.

Si trabajas en una organización donde las personas tienden a ser negativas y desmotivadas o donde la cultura incluye muchas quejas y chismes, lo más probable es que, en algún momento, tú también te encontrarás entrando en esa dinámica. Si las mujeres en el gimnasio al que vas se ven más como si estuvieran listas para correr en una pista de atletismo que sobre una cinta de trotar, también tú comenzarás a hacer un poco más de esfuerzo en elegir tu ropa de entrenamiento para no desentonar con ellas. Si todos en tu iglesia hablan en "cristiano", lo más fijo es que tú también comenzarás a hablarlo, a menudo, sin siquiera darte cuenta. Si los padres de familia de tu círculo se obsesionan con enviar a sus hijos a la universidad que ellos consideran "correcta" o al equipo de fútbol "correcto", llegará el momento en que tú también quieras hacer eso mismo.

Y si las personas con las que te rodeas no operan con una mentalidad de crecimiento, si no están interesadas en superar sus zonas de confort, ni en intentar cosas nuevas, ni en establecer grandes metas, entonces, es casi un hecho que te será muy difícil encontrar la motivación para hacerlo, al menos, de manera continua.

Entonces, ¿cuál es la solución? ¿Deberías deshacerte de todos tus amigos y buscar otros mejores? ¿Tendrás que dejar atrás a tu cónyuge y a tus familiares? ¿Cómo construyes una nueva cultura de crecimiento a tu alrededor cuando todavía tienes que vivir en medio de esa vieja cultura? ¿Cómo te liberas de las normas sociales que observas que están deteniéndote sin quemar todos tus puentes?

No es tan imposible como parece.

ENCUENTRA TU TRIBU

Permíteme decir que no creo que abandonar a tu familia y a todos tus amigos sea la solución correcta. Dicho esto, si te has dado cuenta de que las normas sociales de tu círculo actual tienden a evitar que explores todo tu potencial o te mantienen atrapado en un patrón en el que ya no deseas sentirte así, entonces, llegó la hora de expandir tu círculo e incluso de manejar tu tiempo de manera más selectiva.

Te prometo que hay personas en el mundo que son *tu gente*, con quienes sentirás una fuerte conexión, con quienes podrás ser real y auténtico, que te animarán a ser mejor y no tendrán miedo de llamarte a cuentas cuando lo necesites. Hay personas que esperan que alguien como tú iluminen y enriquezcan sus vidas de la misma manera en que ellas alegrarán y enriquecerán la tuya.

Pero *tú* tendrás que encontrarlas.

Lo más probable es que ese objetivo te significará salirte de la zona de confort de las personas que ya conoces y reunirte en otros círculos para hacer nuevos amigos. Significará contactar a alguien que no conoces bien, pero que se trate de una persona que admiras o admiraste desde lejos. Tendrás que hacer nuevas actividades, tal vez, tomar una clase, asistir a una conferencia, conectarte a un grupo de Facebook o a un foro en línea, unirte a un club de lectura o a la Cámara de Comercio de tu ciudad o encontrar una comunidad de la cual quieras ser miembro.

Sé que hacer todo eso causa un poco de miedo al principio, sobre todo, si has vivido toda tu vida dentro del mismo círculo pequeño, pero te prometo que cada vez se te irá haciendo más fácil. Y lo que es más, cuando te abras a la posibilidad de conocer y hacer nuevos amigos, te sorprenderá ver cómo las personas adecuadas comienzan a aparecer en tu vida.

Es como cuando estás pensando en comprar un auto nuevo —una fase en la que me encontré hace poco—. Investigué, leí toda clase de información sobre autos, pensé mucho en lo que quería y al fin logré reducir tantas opciones a dos: un Ford Explorer y un Lincoln MKC.

Ahora, antes de pensar en un auto nuevo, nunca les presté atención a los autos. ¿Por qué tendría que hacerlo? Durante cinco años, Chuck y yo compartimos el auto y él me llevaba a casi todos lados. Pero después, cuando la idea de tener mi propio auto entró en mi mente, todo lo que veía cuando salía de casa eran automóviles. ¿Y sabes qué autos notaba más que ningunos otros? El Ford Explorer y el Lincoln MKC. ¡Parecían estar, literalmente, en todas partes donde yo fuera!

Ahora, ¿significa eso que de repente hubo una gran afluencia de Ford y Lincoln en el camino? ¿Tuvo la fábrica algún tipo de crisis de sobreproducción que coincidió con mi deseo de obtener un nuevo vehículo?

Por supuesto que no.

Yo veía esos autos en particular por todas partes, porque eso es para lo que mi cerebro estaba sintonizado. Y es lo mismo con la gente. Cuando identificas el tipo de amistades que estás buscando, tu cerebro se programa para encontrar esas oportunidades. A veces, solo tienes que comenzar estableciendo tu intención.

CÓMO FOMENTAR LA VERDADERA RENDICIÓN DE CUENTAS

¿Pero qué hacer una vez has encontrado a tu gente? ¿Cómo profundizas esas relaciones, generas un diálogo significativo y fomentas una rendición de cuentas tan real y verdadera como la que describimos en el Capítulo 11? ¿Cómo haces para *formar* tu propio club de la verdad?

Comienza por encontrar al menos una persona confiable que esté dispuesta a brindarte el apoyo que estás buscando y la posibilidad de hacer una verdadera rendición de cuentas y que también esté abierta a recibir de parte tuya el mismo tipo de apoyo y la misma posibilidad de hacer su rendición de cuentas contigo. Es posible que quieras entablar este tipo de relación con varias personas en las diferentes áreas de tu vida. Por ejemplo, deseas que alguien te apoye desde el punto de vista comercial, pero también puede que quieras rendir cuentas con respecto a tu pérdida de peso, a ser un mejor padre o madre de familia o a profundizar en tu vida espiritual.

En mi caso, además de mi club de la verdad, tengo otros amigos cercanos a quienes les rindo cuentas de diferentes maneras. Mi amiga Bonnie, a quien conozco desde que nuestros hijos estaban juntos en el preescolar, se reúne conmigo con mucha frecuencia para almorzar y hablar con total franqueza sobre el desafío de dirigir un negocio y ser madre. Mi amiga Alysha, que me conoce desde sexto grado, siempre me aporta una perspectiva más amplia de los problemas que cualquier otra persona. Mi amiga Edie es más una mentora espiritual, alguien que me anima a pensar más profundamente sobre mi fe. Laura y Heather, amigas y compañeras de trabajo que forman parte de mi equipo ejecutivo, me desafían en el trabajo casi a diario.

Cada una de estas relaciones es preciosa para mí y cada una me aporta responsabilidad, aunque de maneras muy diferentes. Son las relaciones que me mantienen con los pies sobre la tierra y en el camino indicado; ellas son las amistades que me desafían a ser mejor y que me empujan en la dirección que quiero ir.

Pero las asociaciones para hacer rendición de cuentas no tienen que limitarse a relaciones uno a uno. También puedes unirte a un grupo o crear tu propio grupo con ese fin, como por ejemplo, para hablar de negocios, hacer ejercicios, un club de escritura o un estudio bíblico. Los grupos de rendición de cuentas tienden a ser un poco más formales y son una excelente manera de fomentar relaciones individuales adicionales con personas con mentalidad de crecimiento.

Solo ten en cuenta que, para formar un vínculo de rendición de cuentas, ya sea con una sola persona o un grupo, la clave es encontrar personas que estén tan comprometidas con la idea como tú —personas que operen desde una mentalidad de crecimiento y que deseen de verdad ver el mismo tipo de cambios y transformación en sus propias vidas que los que tú estás buscando ver en la tuya.

Los siguientes son algunos consejos más para fomentar la verdadera rendición de cuentas en tus relaciones.

Atrévete a ser vulnerable. La rendición de cuentas no funciona si estás a la defensiva o si estás tratando de presentar una versión pulida de ti mismo que no represente con precisión lo que sientes por dentro. Y aunque esa sea la armadura que le presentas al mundo en general, deberás hacerla a un lado cuando estés frente a las personas en las que confías tanto como para hacer tu rendición de cuentas en compañía de ellas.

También, ten en cuenta que es bastante fácil ponerte a la defensiva o querer protegerte u ocultarte detrás de tu máscara cuando te sientas estresado o emocional o agotado. Esos son los momentos en que la rendición de cuentas te parecerá más aterradora, porque incluso los comentarios más suaves te sonarán como duras críticas.

Los buenos socios de rendición de cuentas sabrán ver, al menos, de manera ocasional, cuándo te pones esa armadura o te escondes detrás de tus defensas normales. Entonces, te alentarán a superar ese instinto y a llegar al meollo del asunto.

Establece algunas reglas básicas. No todas las asociaciones de rendición de cuentas deben formalizarse, pero no es una mala idea establecer algunas reglas mínimas para asegurarse de que todos estén en el mismo sentir y se encuentren cómodos retrocediendo en algún aspecto o siendo empujados hacia su meta.

Las reglas básicas para un buen club de la verdad incluyen mantener la confidencialidad (lo cual debería ser obvio, pero a veces, es necesario decirlo) y algunas pautas sobre cuándo está bien dar retroalimentación y cuándo es el momento de escuchar. También pueden incluir evitar ciertas palabras o frases e incluso usar ciertos métodos preferidos de comunicación.

Aclara tus objetivos. Es difícil hacer una rendición de cuentas si no hay metas u objetivos sobre los cuales responsabilizarse, así que asegúrate de que los miembros de tu club de la verdad sean muy claros acerca de compartir sus metas y de ser diligentes para realizar un seguimiento no solo de sus propias metas, sino también de las de sus socios de rendición de cuentas.

Esto podría significar establecer nuevos objetivos cada vez que alguien cumpla los suyos o publicarlos en algún lugar como en un documento compartido de Google Doc, en una carpeta de Dropbox o incluso a través de un correo electrónico o un mensaje de texto.

Sé intencional con tu tiempo. Es fácil salirse del camino, así como evitar conversaciones difíciles. Entonces, para aprovechar al máximo el tiempo de tu rendición de cuentas, asegúrate de establecer algunas intenciones al principio. ¿Qué es lo que más quieres obtener de tu tiempo con tu socio de rendición de cuentas? ¿Con qué estás luchando y te gustaría recibir ayuda? ¿En qué necesitas sentirte motivado? ¿En qué necesitas ir más despacio o más rápido?

Hacer este tipo de preguntas contribuye a establecer el tono de la interacción, a quitar la pretensión y a abrir la conversación.

Rinde cuentas de manera constante. Para la mayoría de nosotros, la vida suele ser bastante ocupada y, cuando las cosas se nos salen de control, casi siempre, son nuestras relaciones las que sufren. Entonces, ¿cómo harás para que esta sociedad de rendición de cuentas sea una prioridad en tu vida? Quizá, desees programar una cita recurrente en tu horario una vez a la semana o una vez al mes, lo que sea más indicado para todas las partes.

Mi amiga Bonnie y yo siempre establecemos nuestra próxima fecha de almuerzo antes de despedirnos, porque sabemos que, si no lo hacemos, pasarán meses antes de volvernos a ver. Lo mismo hacemos con mi club de la verdad, establecemos una fecha y una hora para nuestras llamadas mensuales y programamos cada una de nuestras reuniones maestras de tres días con varios meses de anticipación para asegurarnos de apartar esas fechas en nuestros horarios.

Haz preguntas y espera. La parte más importante de la rendición de cuentas es ser capaz y estar dispuesto a hacer preguntas reflexivas y puntuales y esperar o retroceder cuando sea necesario hacerlo. Esto significará tener que hablar cuando veas que tu socio de rendición de cuentas está actuando de una manera que no está sincronizada con sus objetivos o creencias. También significará animarlo a avanzar y seguir adelante cuando veas que sus ideas y creencias están siendo un tanto limitantes y lo están frenando.

Aquí es donde la rendición de cuentas suele ser incómoda, porque es el lugar donde nos salimos de nuestra zona de confort para pasar a un territorio desconocido. Y eso da un poco de miedo, pero ese es el objetivo. Porque todos necesitamos hacer una verdadera rendición de cuentas.

Así que disponte a formar tu club de la verdad. Haz lo que sea necesario para descubrir dónde está tu tribu y luego rodéate de personas que te harán sentir mejor y te inspirarán a actuar. Te garantizo que eso será lo más importante que hagas.

Capítulo 19

Deja de comparar
Construye la vida que amas,
no la vida que alguien más quiera para ti

"La comparación es la ladrona de la alegría".	*Theodore Roosevelt*

Nunca falla.

Una vez al año, a principios de marzo y solo durante cinco días, abrimos la inscripción pública para Elite Blog Academy y le damos la bienvenida a una nueva clase de estudiantes que están listos para transformar su pasión en un negocio de tiempo completo. Y en esas primeras semanas, el entusiasmo es fuera de serie. Todos los participantes comienzan exactamente en el mismo lugar, con la misma tarea. Cada estudiante entrante se llena de la adrenalina de enfrentar algo nuevo y no puede evitar sentirse revitalizado por tanta energía. Hay una sensación infinita de posibilidades en el aire.

¡Es tan divertido!

Pero después, hacia mediados de abril, la energía inicial, la emoción y el entusiasmo comienzan a disminuir, pues la realidad es que construir cualquier tipo de negocio exitoso y rentable es muy trabajoso y el crecimiento de un negocio en línea no es la excepción. Sí, las posibilidades son infinitas, pero aun así hay mucho esfuerzo en juego. Este es el punto en el que nuestros estudiantes tienen que esforzarse y dedicarse a hacer su trabajo —su propio trabajo, en su propio negocio— en su propio tiempo.

Llega un momento en que muchos estudiantes se dan cuenta de esto a medida que avanzan en sus lecciones, una a la vez, a su propio ritmo, dejando que cada unidad se base en la anterior, de la forma en que está diseñado el curso. Ellos son los estudiantes que tienen éxito, aunque para algunos el viaje sea mucho más largo que para otros.

Sin embargo, siempre hay aunque sea un puñado de estudiantes que no puede evitar quedarse atrapado en medio de lo que todos los demás están haciendo. Comienzan a comparar sus propias ideas con otras en el curso y a dudar de sí mismos. Se dan cuenta de que algunas personas han avanzado en las lecciones a un ritmo más rápido y empiezan a sentir que se están quedando atrás. Y en lugar de centrarse en su trabajo y en el camino claro ya establecido para ellos en el curso, se dedican a buscar respuestas en otros lugares —leen cada nuevo artículo que sale sobre el tema de los blogs, chatean sin parar en foros y grupos de Facebook, escuchan docenas de podcasts y toman múltiples cursos en línea de una sola vez—, todo para calmar el temor de que algo les está haciendo falta.

Y en medio de toda esta distracción, reciben tantos consejos contradictorios que, prácticamente, se paralizan ante su indecisión. Pasan tanto tiempo observando a quienes les rodean que no se concentran en su propio trabajo.

No es sorprendente que estos sean los estudiantes que se estancan.

Porque si estás tratando de construir un negocio, administrar tu hogar, ser promovido en el trabajo o construyendo una vida que ames, la comparación es una trampa gigante que te absorberá y no te dejará hacer lo tuyo.

Y seamos sinceros, es difícil mantenerte enfocado en tu propio camino cuando hay tantas oportunidades que te distraen. Las redes sociales nos ofrecen un recordatorio constante de todas las cosas que *no* estamos haciendo y de las que nos podríamos estar perdiendo. Comparamos trabajos, ropa, autos, casas y estatus, sin mencionar las habilidades de crianza, la vida social e incluso las relaciones.

No importa cuán bien lo estemos haciendo en un área específica, siempre hay alguien más que parece estar haciéndolo mejor o que le está yendo mejor que a nosotros en esa área y en *otras más*.

Pero al igual que esos estudiantes en Elite Blog Academy, cuanto más miramos a nuestro alrededor para ver qué están haciendo los demás y más comparamos su progreso con el nuestro, menos éxito obtendremos en nuestra propia vida y mucho menos satisfechos nos sentiremos.

La comparación genera descontento y, en última instancia, no hay forma de ganar ese juego. Aun así, hay una manera de evitar la trampa de la comparación, que derriba a tanta gente.

EN QUÉ CONSISTE EL ÉXITO

Creo que la mayor razón por la que la comparación es tan siniestra es porque ni siquiera se hace en igualdad de condiciones. Lo que tú deseas y lo que tú ves como éxito es un destino único para *ti*. Eso significa que, a menudo, las personas con las que te comparas se encuentran en un viaje completamente diferente al tuyo —uno con reglas diferentes y objetivos diferentes—. Si tu objetivo final no es tener una casa que parezca como de revista, ni conducir un Cadillac Escalade, entonces, ¿qué sentido tiene comparar tu casa o tu carro con los del amigo cuyo objetivo primordial ha sido tener eso? Si tú no tienes interés en ascender en la escala corporativa y darte a conocer en el mundo de los negocios, ¿por qué te molesta la cuñada que sí está interesada en lograr eso? Si viajar por el mundo no despierta tu pasión, ¿por qué te sientes inadecuado cada vez que escuchas sobre la aventura viajera de alguien más?

Tu viaje es *tu* viaje y, en última instancia, construir una vida que ames significa reconocer con exactitud qué es lo más importante y más significativo para ti y también significa comprender que lo que es importante y significativo para ti no lo será para otras personas y viceversa. Y eso está bien.

No tienes que demostrarle tu valía a nadie más que a ti.

Además, no tienes que justificarle, ni explicarle tus objetivos a nadie, ni modificar tus propios sueños para que se ajusten a los ideales de otras personas. Este es *tu* viaje. Y si te funciona a ti, entonces, eso es más que suficiente.

Por supuesto, la clave aquí es aclarar lo que quieres y descubrir con lujo de detalles qué y cómo es el éxito para *ti*. ¿Es un trabajo increíble que te apasiona? ¿Es tener mucho más tiempo libre para pasarlo con tu familia o para disfrutar de la posibilidad de quedarte en casa con tus hijos? ¿Es estar libre de deudas o terminar de pagar tu hipoteca? ¿Quieres tener una casa más grande? ¿Un auto mejor? ¿Mudarte a un vecindario más lindo? ¿Fomentar relaciones más profundas y significativas con las personas que más te importan? ¿Perder peso o ponerte en forma? ¿Comenzar tu propio negocio? ¿Vender todo lo que posees, comprar un bote y navegar alrededor del mundo? ¿O es una pasión por la justicia, por el alivio de la pobreza o por el medio ambiente? ¿O un deseo de amar y servir a Dios?

¿Qué es aquello que *tanto* añoras? ¿Cómo sería esa vida que anhelas para *ti* y tu cónyuge o para ti y tu familia? Porque al fin de cuentas, tú eres quien tendrás que vivirla junto con sus beneficios y consecuencias.

Es por eso que compararte con alguien más es una propuesta tan perdedora. Cuando te comparas con los demás, estás comparando tu camino con el mapa de ruta de otra persona y el único resultado posible será que te pierdas.

Por lo tanto, si vas a evitar esta trampa de la comparación, el primer paso esencial deberá ser tener claridad absoluta de lo que deseas hacer, de tus prioridades y del camino que deberás emprender.

Por fortuna, este es un proceso del que ya hablamos cuando encontraste tu gran objetivo y te decidiste a enfocarte en él. Luego, se solidificó aún más cuando encontraste tu *porqué* e identificaste cuál era el significado más profundo detrás de ese gran objetivo. Entonces, tu plan de acción se convirtió en tu hoja de ruta —en el camino que debes seguir para llegar a donde quieres ir.

MANTÉN TUS LUCES PLENAS ENCENDIDAS

Y aunque ya hemos trabajado en la creación de ese plan de acción, y es cierto que ya tienes una hoja de ruta a seguir, la realidad también es que las distracciones están en todas partes. Diseñar el plan no es la parte difícil; enfocarte, mantener las luces plenas encendidas, confiar en el plan y hacer el trabajo, *¡esa* sí es la parte difícil!

Tomar medidas y seguir adelante sin que te permitas distraerte, ni perderte es siempre la parte difícil. Porque seamos realistas: es aterrador confiar en un plan que bien podría no funcionar. Pero lo diré una vez más: la acción es el antídoto contra el miedo. Y el secreto del éxito del que tanta gente nunca se da cuenta es que, mientras sigas dando pequeños pasos en una sola dirección, llegarás allí en algún momento.

El problema para la mayoría de las personas no es que ellas eligieron el camino equivocado, sino que siguen saltando de un rumbo a otro cada vez que escuchan una nueva idea o se dejan influenciar por lo que alguien más está haciendo. Y así, en lugar de crear impulso en una dirección fija, terminan girando en círculos o moviéndose hacia adelante y hacia atrás sin llegar a ninguna parte.

Eso es lo que les sucede a los estudiantes de Elite Blog Academy que pasan todo su tiempo comparando su progreso con el de los demás o eligiendo una y otra vez las tareas que quieren hacer o tratando de hacer todo lo que todos les dicen que hagan sin tener en cuenta si eso los llevará o no rumbo a su destino y pronto estarán en donde tanto anhelan.

Y eso mismo es lo que te sucede con cualquier objetivo cuando no estás dispuesto a abrocharte el cinturón, poner luces plenas y hacer el trabajo.

Piénsalo.

Supongamos que tu mayor objetivo en este momento es pagar tu hipoteca y tus tarjetas de crédito y estar 100% libre de deudas. Y durante un par de meses, lo estás haciendo *genial*. Dejaste de comer en restaurantes, hiciste un alto en tu manía de hacer compras y redujiste tus gastos en cada paso del camino.

Pero entonces… algo sucede. Empiezas a ver todas las cosas divertidas que tus amigos están publicando en las redes sociales —vacaciones, ropa nueva y noches de gran fiesta—. Entonces, empiezas a sentir cierta envidia, a distraerte cada vez más y el gran objetivo que sentías tan importante y valioso va perdiendo importancia y valor. Echas de menos divertirte y así, lentamente, empiezas a deslizarte de regreso hacia tus viejas costumbres. Un Starbucks aquí, un nuevo atuendo allá, una noche de cita cada vez más habitual en tu restaurante favorito… hasta que, un día, te das cuenta de que estás de vuelta donde empezaste.

Sin importar lo que sea que estés buscando, la misma historia ocurre de muchas maneras. Existe el primer período inicial de entusiasmo y energía —en el que todo es emocionante y nuevo—. Esta es la parte en la que te sientes casi sobrecargado de energía, como si nada, ni nadie pudiera interponerse en tu camino. Es la explosión inicial de adrenalina que proviene de salirte de tu zona de confort. Es una etapa estimulante.

Pero nunca dura.

Porque, como ves, luego viene el intermedio desordenado —la parte en donde la situación se vuelve pesada y hasta dolorosa—. Aquí es donde es necesario hacer el trabajo duro, es la parte que, a menudo, es confusa, frustrante y agotadora, pero también es totalmente necesaria.

Y debido a que es *difícil y dolorosa*, aquí también es donde la gente comienza a buscar algo que sea más fácil o más divertido y emocionante de hacer. Comparan dónde están ellos en el momento —en medio de la parte confusa y dura de su proceso— con alguien que ya ha hecho todo el proceso completo y logró llegar al otro lado o con alguien que está en la primera etapa de energía y entusiasmo y quieren volver allí incluso si eso significa comenzar algo nuevo. Esa es la razón por la que, quienes así piensan y actúan, nunca llegan a ninguna parte.

Dependiendo del objetivo, la etapa intermedia desordenada puede durar *mucho* tiempo. Semanas, meses e incluso años. Se necesita determinación, perseverancia y valor para lograrlo, así como la voluntad de poner las luces plenas, seguir el plan y enfocarse en hacer el trabajo que deba hacerse.

La última fase es alcanzar el logro —la parte donde has hecho la parte dura del proceso, impactaste y ahora cosechas las recompensas de un trabajo bien hecho—. Lamentablemente, esta es una fase a la que no todos llegan, porque muchos se quedan atascados o frustrados en la mitad confusa y esforzada del proceso y prefieren comenzar de nuevo una y otra y otra vez.

No dejes que ese sea tu caso.

Una vez tengas tu objetivo frente a ti y tu plan esté listo, abre los ojos y concéntrate. Deja de mirar a tu alrededor y de comparar. Confía en tu proceso y comprende que es de *suponerse que sea difícil*. Si fuera fácil, todos lo estarían haciendo.

Recuerda, los mayores logros son aquellos por los que tienes que trabajar.

PRACTICA LA GRATITUD

Por supuesto, cuando se trate de mantenerte fuera de la trampa de la comparación, hay un paso más que es esencial y que marcará una gran diferencia, sin importar en qué etapa del viaje te encuentres.

Es practicar la gratitud.

Nada es más noble, ni te da más perspectiva que tomarte el tiempo para pensar en las cosas por las cuales estar agradecido.

En nuestro diario vivir, la comparación casi siempre conduce al descontento —a un sentimiento de que lo que tienes o lo que has logrado o donde estás en este momento no es suficiente—. Y aunque no todo descontento es malo, puesto que hay veces en que necesitamos ese pequeño empujoncito para animarnos a enfrentar nuestros miedos o a hacer un cambio, la angustia que surge de sentir que lo que nos falta en comparación con otra persona casi nunca es buena.

En cambio, la gratitud siempre es buena y transformadora.

En lugar de centrarnos en lo que no tenemos, es mejor centramos en lo que *sí* tenemos. En lugar de molestarnos por lo que aún no hemos logrado, celebremos los pequeños y grandes logros que hemos ido alcanzando en el camino. En lugar de solo esperar lo que todavía está en el horizonte, miremos hacia atrás y reconozcamos cuán lejos hemos llegado.

No siempre podemos controlar lo que nos sucede, ni cómo nos tratan otras personas. Pero sí tenemos control sobre cómo decidamos responder. Practicar una actitud continua de gratitud es la mejor manera de evitar la mentalidad de víctima y de dejar de sentir que a todos los demás les va mejor que a nosotros.

Y así como la valentía es un músculo que se fortalece cada vez que lo ejercitas, también lo es la gratitud —entre más la practiques, más fácil y más natural se va volviendo hasta que se convierte en una parte de ti.

Pero ¿cuál es la mejor parte de practicar la gratitud? Que conduce a la felicidad instantánea, porque es casi imposible sentir descontento cuando te concentras en todo aquello por lo que estás agradecido.

Construir una vida que *ames* comienza con apreciar la vida que *tienes*. Así que deja de comparar. Construye la vida que amas, no la vida que alguien más tiene.

Capítulo 20

Elimina las excusas

Deja de buscar escapatorias y enfócate en lo que tengas que hacer

"Le atribuyo mi éxito a esto: nunca di, ni acepté una excusa".

Florence Nightingale, autora de
La vida de Florence Nightingale

S i te basaras en su nivel de gratitud y positividad, nunca lo sabrías, pero mi amiga Susie nació con la baraja en su contra.

Primero que todo, creció en medio de la pobreza, en la que sería la versión de bienestar social del Reino Unido, con una madre que padecía una enfermedad mental y un padre alcohólico que solía desaparecerse, a veces, hasta meses y años. Como resultado, su vida era 100% impredecible.

Su familia se mudaba todo el tiempo de un lado a otro. En los buenos tiempos, lograban encontrar un lugar para vivir en los proyectos subsidiados por el gobierno; en los malos tiempos, se quedaban en refugios para personas sin hogar. Cuando era niña, Susie se sentía avergonzada de muchas cosas con respecto a su familia y recuerda haber tratado de mantenerles ocultos los detalles de su situación a sus maestros y compañeros de clase.

Pero después, cuando ya era una adolescente, se topó con un libro llamado *La magia de pensar en grande*. En él había un capítulo titulado "Nada de excusas", en el que el autor explicaba que la "excusitis" era la enfermedad del fracaso y que, si querías tener éxito en la vida, tendrías que curarte de ella para siempre. A partir de ese momento, Susie juró vivir su vida sin excusas y negarse a dejar que sus circunstancias la definieran.

Y eso hizo.

A pesar de no tener educación formal, se dirigió primero a Australia y luego a los Estados Unidos donde desarrolló una carrera increíblemente exitosa en ventas corporativas, trabajando para una compañía de *Fortune 500* y ganando un salario de seis cifras. Y aunque la mayoría de la gente se habría contentado con eso, Susie sabía que estaba destinada a algo más y decidió renunciar a todo aquello para comenzar su propia compañía de motivación y entrenamiento de vida.

Hoy en día, la autora *bestseller* de *What If It Does Work Out? How a Side Hustle Can Change Your Life*, Susie Moore, inspira a miles de personas a vivir su mejor vida, como ella vive la suya[13].

Todo porque ella se negó a sacar excusas.

Aunque creció en Appalachia, un mundo alejado del Reino Unido, la historia de mi amiga Edie siguió un camino similar al de Susie, una historia que comparte con desgarrador detalle en sus increíbles memorias, *All the Pretty Things*[14]. Un padre alcohólico. Pobreza extrema. Hambre frecuente. Cero estabilidad.

Sin un verdadero modelo a seguir y con una familia de borrachos, locos y criminales rodeándola, Edie podría haber caído fácilmente en ese mismo patrón. Después de todo, ese era el único mundo que ella conocía. Sin embargo, al igual que Susie, Edie Wadsworth decidió desde el principio que ella no estaba dispuesta a sacar excusas.

El momento decisivo para ella sucedió cuando tenía ocho o nueve años y quería ser parte de un equipo de porristas. En ese entonces, su madre no podía pagarle clases de gimnasia, así que Edie aprendía de las otras chicas que estaban tomando clases de gimnasia en el patio de la escuela y practicó tanto que mejoró más que todas ellas. Cuando llegaron las pruebas para porristas, Edie estaba segura de que haría parte del equipo, porque sabía hacer la rutina de las porras mejor que nadie.

Y luego, como ella misma lo explicó: "Terminé sin poder hacer una figura y la razón por la que no lo logré… No sé si fue porque era plenamente consciente de esto en ese momento, pero yo era esa niña… A lo mejor, tú conoces alguna niña así… de esas que no usan la ropa adecuada, que parece que no han sido cuidadas como debe ser, que las miras y piensas, 'Oh, esa chica tiene un buen corazón. Desearía poder llevarla a casa'. Bueno, yo era esa clase de niña. No tenía los zapatos adecuados para hacer las porras, ni tampoco la ropa adecuada. Ni provenía de la familia adecuada[15]".

Algunos otros padres que habían visto las pruebas se indignaron cuando Edie no formó parte del equipo y convencieron al entrenador para que cambiara de opinión. Pero cuando el entrenador fue a su casa al día siguiente para ofrecerle un lugar, la madre de Edie se negó diciéndole que él no merecía tener a Edie en el equipo si, ante todo, no había reconocido su talento.

Como Edie explica: "Recuerdo en mi corazón de pequeña niña decirme a mí misma: 'Nunca podrán decirme que no otra vez.

Seré muy buena. Trabajaré más duro que nadie. Nunca podrán decirme que no otra vez[16]".

Y a partir de entonces, Edie trabajó *más duro* que nadie. Se graduó con honores, estudió Medicina y se convirtió en médica de familia. Y luego, al igual que Susie, terminó dejando su profesión ya establecida para comenzar algo propio —primero, educar en casa a sus dos hijas más jóvenes y luego, comenzar su negocio propio que resultó ser tremendamente exitoso.

Tanto Susie como Edie podrían haber dejado que sus desventajas definieran su vida. Y nadie las habría culpado —la sociedad las habría absuelto de toda culpa a las dos—. Después de todo, ¿cómo esperar que alguien supere tal pobreza extrema y semejante disfunción familiar? No era su culpa. Ellas solo fueron víctimas de sus circunstancias.

Pero tanto Susie Moore como Edie Wadsworth se negaron a verse como víctimas y a no darse a conocer. Su determinación e impulso para superar sus circunstancias comenzaron con su decisión consciente de nunca sacar excusas.

Porque de verdad, esa es la única forma de triunfar.

ACEPTA QUE LO ÚNICO QUE ESTÁS EN CAPACIDAD DE CONTROLAR ES A TI MISMO

Mis hijas van a una escuela que exige el uso de uniforme —una norma con la cual estoy profundamente agradecida—. Verás, durante un año, asistieron a una escuela que no los exigía ¡y las batallas diarias sobre qué ponerse fueron suficientes para convertirme en una especie de evangelista perpetua a favor del uniforme!

Pero incluso con la exigencia de uniforme, mi hija Maggie sigue siendo extremadamente selectiva con lo que lleva puesto. Se reserva ciertos colores para ciertos días y se enorgullece de seleccionar desde la hebilla del pelo hasta los calcetines y los zapatos que, según ella, complementen su look a la perfección. Y aunque al comienzo del año escolar le compré algunas opciones diferentes de falda para que pudiera rotarlas, solo hay una falda que le gusta.

Y entonces, la usa todos los días.

Por lo general, ese no es un gran problema, porque, a diferencia de Annie, que casi siempre es un desastre andante, Maggie no es una niña de las que hace toda clase de actividades extremas, lo cual significa que su ropa se mantiene bastante limpia.

Pero una mañana, mi esposo, Chuck —nuestro extraordinario chef de la hora del desayuno—, nos sorprendió con panqueques de arándanos, una rara delicia, ¡sobre todo, tratándose de un día laborable! Todos estábamos muy felices hasta que Maggie cortó su último panqueque y un arándano bastante jugoso explotó en el plato y rebotó sobre su falda favorita.

Desastre total.

Casi al instante, la que había sido una mañana más agradable que de costumbre en el hogar de los Soukup se convirtió en una repetición de lamentos (Maggie), gritos (Chuck, quien además de ser el jefe de cocina también es el principal quitamanchas), cantos (Annie, quien estaba completamente ajena y nada afectada por el caos que ocurría a su alrededor), y risas (yo, por lo ridículo de toda la situación).

En cuestión de minutos, estaba claro que la falda no se iba a poder usar ese día y ahí fue cuando desapareció la versión de mi dulce y completamente agradable hija y comenzó el *verdadero* drama. Hubo llanto, fuertes pataleos, pucheros y un montón de resoplidos y la cosa llegó a un punto en que me pareció que ya era suficiente de tanto berrinche.

En mi tono de mamá que manifiesta no-me-sa-ques-de-pa-cien-cia le dije que se controlara, que era solo una falda y no el fin del mundo, sobre todo, porque tenía otras dos faldas perfectamente buenas, y prácticamente nuevas —listas para usar.

Y luego, calmándome un poco, le dije: "Cariño, siempre habrá cosas en la vida que sucederán fuera de tu control. Y lamento que tu falda se haya arruinado, pero aún tienes la opción de decidir si dejarás o no que esto te afecte. Si dejas que esto arruine tu día, estás dejando que el arándano gane. ¿Es eso lo que quieres? ¿Ser derrotada por un arándano?".

Era tonto decirlo, pero mi comentario, por lo menos, provocó una breve sonrisa en ella antes de que comenzara de nuevo con la pataleta.

La verdad es que hay muchas cosas en la vida que están fuera de nuestro control. No tenemos la capacidad de predecir el futuro, ni el clima, ni los principales eventos mundiales, ni las catástrofes que ocurrirán. No podemos elegir nuestra familia de origen, ni el color de nuestra piel, ni la posición social y económica de la que procedemos. Tampoco podemos elegir nuestro coeficiente intelectual. En cualquier momento, podríamos experimentar un trauma inesperado, una tragedia, una enfermedad o un revés —y sí, ni siquiera podemos prevenir que un arándano mañoso al que nunca vimos venir nos dañe la ropa que llevamos puesta.

De hecho, lo único seguro de la vida es que es completa y totalmente impredecible.

Y no es tanto una cuestión de *si* una de esas cosas sucederá, sino *cuándo*. Porque sucederá. Es por eso que es tan importante comprender desde lo más profundo de tu ser que lo único que estás en capacidad de controlar es *a ti mismo*.

Es imposible controlar lo que te suceda, ni cómo te tratan las personas, pero *sí es posible* controlar cómo eliges responder. Como vimos en el Capítulo 10, tu control está en ser capaz de elegir lo que decidas o no hacer sin tener en cuenta cuales sean las circunstancias en las que te encuentras.

Pero no te equivoques, asumir toda la responsabilidad de tu vida puede ser bastante aterrador. Significa que no te quedará nada detrás de lo cual esconderte y que estás parado a la intemperie —vulnerable, expuesto y tal como eres.

Y para afrontar eso se requiere de mucha valentía.

BUSCA UN MODELO A SEGUIR, NO UN RESCATISTA

Jennifer Marx (a quien mencioné en el Capítulo 16) había estado administrando su propio negocio de guía de viajes durante 20 años antes de decidir que era hora de hacer algo nuevo. Ella no era ajena al trabajo duro, pero se estaba sintiendo cada vez más frustrada ante una industria que se estaba volviendo cada vez más obsoleta.

Entonces, buscó orientación —alguien que hubiera estado en esa misma situación y que supiera mostrarle el camino a seguir—. Y eso fue justo lo que encontró en Elite Blog Academy. En la primavera de 2017, se decidió a tomar nuestro curso, se comprometió el 100% en ello y completó cada tarea asignada.

Menos de un año después, su nueva empresa comercial y sitio web había superado con creces los ingresos de su negocio de viajes. Cuando le pregunté a qué le atribuía su éxito, me explicó que, aunque había estado en el campo de los negocios durante muchos años, nunca antes había tenido un modelo a seguir, alguien que hubiera estado allí, dispuesto a mostrarle qué tanto es posible lograr. Y cuando ella vio por fin lo que era posible, se dio cuenta de que ella también podía hacerlo.

Es apenas natural que, cuando te enfrentas a lo desconocido, intentes hacer algo que nunca has hecho antes y te sientas inseguro de buscar un modelo a seguir u otra persona que te guíe en el camino. Porque, seamos sinceros, en cualquier emprendimiento en la vida, es bueno tener a alguien que haya estado allí, en tu misma situación, que entienda muy bien de lo que se trata el asunto y que sepa con exactitud qué es aquello por lo que estás pasando. Es útil tener a alguien dispuesto a ofrecernos su sabiduría y sus consejos y que esté dispuesto a mostrarnos qué hacer exactamente.

Eso es cierto sin importar qué sea lo que estemos pasando. Nada es más tranquilizador para una nueva madre que otra madre que le ofrezca consejos de primera mano en todo lo referente a la crianza, desde alimentar al recién nacido hasta la salida de los dientes y qué hacer para que duerma toda la noche. Nada es más útil para un emprendedor que hablar o escuchar a otros dueños de negocios más experimentados.

De hecho, en muchas profesiones, es innegable la importancia de la tutoría y la orientación. Los deportistas profesionales tienen entrenadores. Los médicos comienzan como pasantes y luego se convierten en residentes bajo la guía de médicos más experimentados. Los abogados comienzan como asociados o empleados antes de ascender en la escala de posiciones.

Nadie quiere sentir que lo está haciendo solo, vadeando en territorio desconocido por sí mismo. Es reconfortante poder seguir los pasos de otras personas que van más adelante en el mismo camino nuestro y nos tranquiliza saber que todo lo que intentamos hacer es posible porque alguien más ya lo logró.

En general, los modelos a seguir, los maestros, los mentores y los entrenadores son un muy buen recurso, sobre todo, cuando se trata de hacerlo así sea con miedo. Entonces, si estás preparándote para salir de tu zona de confort e intentar algo nuevo, encontrar a alguien que te guíe en el camino es una idea bastante inteligente. Esa persona te ayudará a evitar dificultades y a saber que estás en el camino correcto. Quizá, significará tomar una clase o contratar a un entrenador o hablar con alguien que ya haya hecho lo que tú quiere hacer.

Pero hay una trampa.

Verás, un modelo a seguir es alguien en quien *tú* buscas orientación y no al revés. Sin embargo, ese es un escenario muy diferente al de esperar a que alguien más descubra por ti el camino que debes seguir y te lo muestre. Buscar un modelo a seguir no es lo mismo que esperar a ser rescatado.

Es crucial entender esa diferencia.

Cuando buscas activamente un modelo a seguir que te brinde orientación, *tú* asumes la responsabilidad y tomas posesión de tu viaje. Eres proactivo, no reactivo y entiendes que el trabajo de tu modelo a seguir no es hacer el trabajo *por ti*, sino mostrarte que *tú* lo puedes hacer y ofrecerte orientación en el camino.

Cuando lo único que haces es esperar a un rescatista o sentarte a desear y a esperar que alguien te ayude facilitándote las cosas que tú tienes que hacer, te estás permitiendo ser la víctima. Y lo que es peor, le estás regalando todo tu poder a alguien que bien puede o no aparecer.

Cuando Jennifer Marx se inscribió en Elite Blog Academy, lo más importante que obtuvo fue un camino claro hacia el resultado que quería, pero era ella quien tenía que tomar posesión de ese camino y hacer el trabajo que fuera necesario para lograr su meta.

Te garantizo que tú *no* necesitas ser rescatado, pero sí es posible que necesites un modelo a seguir. Por fortuna para ti, hay modelos a seguir, maestros, entrenadores y mentores en todas partes; solo tienes que empezar a buscarlos. Te ayudarán a eliminar excusas y te animarán a superar los tiempos difíciles.

Cómo encontrar un mentor

En los últimos años, he tenido varios mentores diferentes, tanto formales como informales, que me han ayudado en mi negocio y en la vida en general, y también he disfrutado sirviéndoles como mentora a otras personas.

Lo que he aprendido es que hay algo increíblemente poderoso en el hecho de obtener la perspectiva de alguien que tiene más experiencia que tú, ya sea en la vida o en los negocios y es el hecho de que te esfuerzas de maneras en que nunca te esforzarías estando solo y, después de todo, casi siempre, eso es algo bueno.

¿Por qué tener un mentor?

Los mentores apoyarán tu crecimiento y te enseñarán cosas que nunca aprenderías si solo interactuaras con quienes hacen parte de tu círculo actual. Es muy probable que pienses que estás obteniendo una gran perspectiva de ellos, pero si nunca sales de ese círculo, te garantizo que te estarás perdiendo de algo muy importante que deberías conocer.

Ahora, lo mejor de todo es que un mentor no tiene que ser alguien con quien tomas café una vez por semana. Tu mentor también puede ser alguien que te inspire a través de libros, podcasts o un blog.

Qué buscar en un mentor

Lamentablemente, hay muchos que dicen ser mentores, expertos y entrenadores de negocios o de vida, pero que ni siquiera saben dar consejos. A veces, es porque no tienen ninguna experiencia real; otras veces, es porque son buenos para promocionarse, pero no están capacitados para enseñar y orientar a otros.

Si vas a buscar un mentor, te recomiendo que prestes mucha atención, en primer lugar, al tipo de éxito que la persona que elijas haya obtenido en su propia vida o negocio. ¿Esa persona está reflejando el tipo de resultados que a ti te gustaría ver? ¿Es solvente desde el punto de vista financiero? ¿Es exitosa en su vida personal? Está bien hacerle estas preguntas y exigirle transparencia —sobre todo, si la estás contratando para que sea tu mentora.

Y te haré una fuerte advertencia: no recibas el consejo comercial de alguien que no tenga experiencia comercial real. Obviamente, esto aplica a alguien a quien le estés pagando para ser tu mentor, pero también a cualquiera que te esté dando consejos gratis. Ten cuidado con la gente a la que escuchas y siéntete libre de ignorar a *cualquiera* —sin importar cuán confiado, ni qué tan experto parezca en el tema— que no esté obteniendo, ni mostrando resultados reales.

Lo segundo a tener en cuenta es que el mentor sea alguien de quien puedas aprender de verdad —alguien con cuyo estilo de enseñanza y consejos te identifiques—. Todos nuestros cerebros funcionan de manera un poco diferente, lo que significa que la forma en que algunas personas hablan o enseñan se conectará contigo, mientras que la forma en que otros hablan o enseñan, simplemente, no te hará sentir ninguna conexión. Y eso está bien.

Y por último, pide recomendaciones. Solicita referencias de otras personas y no tengas miedo de preguntarle a un posible mentor si tiene alguna referencia con la que tú puedas hablar.

¿Estás listo para ser guiado?

Si bien es perfectamente correcto comenzar con mentores "virtuales" que enseñan desde lejos, llegará un momento en el que querrás contemplar la posibilidad de pagar un entrenador o mentor. La realidad es que, cuando pagas por algo, tiendes a valorarlo mucho más, lo que significa que tomarás sus consejos mucho más en serio, que será más probable que implementes sus sugerencias y obtengas mejores resultados. El asesoramiento gratuito no tiene el mismo peso.

Si sientes que un mentor más personal es una parte esencial de tu crecimiento, ¡adelante! Prueba un programa de entrenamiento formal o intenta con un grupo de expertos. Esa es una excelente manera de obtener la atención individualizada que necesitas y crecer exponencialmente en el proceso.

Ya sea que encuentres un mentor virtual que te enseñe desde lejos o un mentor más individualizado que trabaje contigo de manera individual, trabajar con un mentor te llevará a niveles que nunca antes habías soñado alcanzar. Y tú mereces ese tipo de apoyo.

AUNQUE SEA UNA BUENA EXCUSA, TODAVÍA SIGUE SIENDO EXCUSA

Todos conocemos a esas personas —las que siempre esgrimen algún tipo de excusa o justificación, alguna razón por la cual nada es su culpa, alguna explicación que las saca del apuro—. Aquellas que se las ingenian de una forma mágica para no aceptar sus propias culpas.

Tal vez, tú seas esa persona.

Después de todo, las excusas nunca son escasas. Mi esposo bromea muy seguido diciendo que las mujeres justificamos y racionalizamos casi cualquier cosa, pero siendo honesta, no creo que las mujeres seamos las únicas que hacemos eso. Creo que todos lo hacemos. No es demasiado difícil encontrar razones igualmente buenas de por qué sí o por qué no esto y lo otro.

Si estás buscando una excusa, siempre la encontrarás. Pero recuerda que, incluso una buena excusa sigue siendo solo una excusa. La única forma de escapar de la enfermedad de la excusitis aguda es negarse a que esa sea una opción bajo ninguna circunstancia.

En cualquier momento de sus vidas, tanto Susie como Edie pudieron haber elegido cualquier cantidad de excusas perfectamente legítimas y razonables. Crecieron en la pobreza. Tuvieron familias disfuncionales. Crecieron en un ambiente de adicciones. Abuso. Falta de oportunidades. Carecieron de orientación.

Ni una sola persona habría culpado a ninguna de las dos por no sobreponerse a todo aquello, ni por no hacer nada con sus vidas. ¿Cómo podrían culparlas? Es muy claro que ellas fueron víctimas de un sistema injusto. ¿Cómo podría esperarse que superaran todas esas desventajas?

Y sin embargo, ambas lo hicieron.

Lo que significa que tú también puedes.

Pero comienza con negarte a sacar excusas, pase lo que pase. De aquí en adelante, elimina las excusas de tu vocabulario.

Deje de buscar justificaciones —porque siempre las encontrarás— y enfócate en lo único que puedes controlar, es decir, *en ti mismo*. Deje de buscar un rescatista y mejor busca un modelo a seguir.

Deja de justificarte para no hacer nada y, más bien, sigue adelante

Capítulo 21

Mantente animado

Tómate el tiempo para celebrar tus victorias a lo largo del camino

"En medio de cada dificultad se encuentra la oportunidad". | *Albert Einstein*

No nos engañemos. Hacer lo que tenemos que hacer… así sea asustados no es para los débiles de corazón. El proceso de enfrentar nuestros miedos y perseguir grandes metas y sueños no siempre es fácil. De hecho, muy rara vez, lo es.

Después de todo, si así fuera, todos lo estaríamos haciendo. Si fuera fácil, no sería especial, ni significativo, ni digno de mencionar. Si fuera fácil, no valdría la pena luchar por ello.

Y aunque que en cierto nivel, en teoría, es probable que la mayoría de nosotros entienda que hacer las cosas así sea asustados es difícil, a nivel práctico, esto no siempre es fácil de recordar. Cuando las cosas se ponen difíciles o aparecen decepciones y obstáculos, todo el optimismo y la emoción que sentimos al principio, pronto son remplazados por el desánimo, la frustración y el miedo.

No queremos que sea difícil. No queremos que duela. No queremos ensuciarnos las manos, ni luchar por lo que queremos, ni sentir el dolor de la derrota o la humillación del fracaso. No queremos enfrentar la adversidad, ni arriesgarnos a ser juzgados por otros. No queremos tener que asumir la responsabilidad, ni descubrir que tal vez no seamos lo suficientemente buenos para lograr lo que queremos.

Cuando las cosas se ponen difíciles, también suele ser difícil mantenernos animados. Pero ese es exactamente el momento en que más necesitamos ánimo. Y aunque puedes sentarte a esperar y a desear que ese estímulo provenga de algún lugar o de otra persona, la realidad es que lo más probable sea que te quedes esperando durante mucho tiempo a que eso ocurra.

Recuerda, después de todo, lo único que puedes controlar es a ti mismo —no lo que te suceda, sino *cómo elegirás responder*—. Eso significa que una de las mejores cosas que puedes hacer por ti mismo es aprender a implementar estrategias que te ayuden a evitar y a superar el desánimo y a encontrar más alegría a lo largo de tu camino.

CUIDADO CON LOS INTERMEDIOS

Durante cada uno de estos últimos años, he tenido el honor de entrenar a un pequeño grupo de mujeres emprendedoras en jornadas cuyo propósito ha sido tratar sobre el tema de los negocios. Son jornadas bastante intensas y, durante el transcurso de estos años, he disfrutado viendo el crecimiento personal y comercial que ocurre en todas y cada una de ellas. Y aunque técnicamente soy la maestra, siento que siempre aprendo mucho más de lo que enseño.

Si bien tengo un proceso de solicitud bastante riguroso para unirme a estas jornadas, no selecciono a las participantes en función del tamaño, ni el alcance, ni el enfoque de su negocio. En cambio, siempre busco a las personas con el mejor potencial, aquellas cuya mentalidad y actitud indican que están dispuestas a hacer el trabajo, incluso si están comenzando desde cero. Y debido a que todas en el grupo comparten una mentalidad de crecimiento similar, la mayoría de las veces, no parece importar que cada una tenga negocios muy diferentes.

Eso no significa que nunca existan comparaciones.

No hace mucho, durante una de nuestras llamadas mensuales, uno de mis miembros, Nicole, compartió con el grupo que se sentía increíblemente desanimada. Había estado trabajando muy duro, haciendo todas las cosas que habíamos identificado en nuestro último taller como sus mayores prioridades, pero ella no sentía que esas cosas estuvieran sucediendo lo suficientemente rápido. Aun sentía que se estaba quedando atrás.

Ahora, Nicole había solicitado estar en esta actividad a pesar de que recién estaba comenzando —su negocio había estado funcionando desde hacía menos de un año—. Se sintió motivada a tener éxito y pensó que no habría mejor manera de comenzar con el pie derecho que junto a un grupo dinámico de mujeres que ya hubieran estado en su situación y pudieran mostrarle el camino.

Y en muchos sentidos, ella tenía toda la razón. Debido al consejo que estaba recibiendo en este grupo, podría acortar significativamente su curva de aprendizaje y hacer crecer su negocio mucho, mucho más rápido.

Sin embargo, como le advertí al principio, solo por el hecho de estar en el grupo, el éxito no le sucedería de la noche a la mañana. En nuestra primera sesión uno a uno, le expliqué que su mayor peligro no era que no estuviera preparada para hacer parte de este grupo, sino que se quedara atrapada en la trampa de comparar dónde estaba ella ahora, todavía construyendo sus cimientos, mientras que las demás miembros del grupo ya iban más adelante.

"Nicole, vas a tener que luchar para hacer tu propio recorrido. Habrá momentos en los que te parecerá que todas los demás participantes se concentran en cosas que son más emocionantes que en las que tú estás ahora. Concéntrate en procurar obtener el beneficio de ver todo lo que es posible hacer y esa será una ganancia enorme para ti. Pero si no construyes tus cimientos, nunca podrás llegar a tu propia meta".

Ella me prometió que entendía. Y sé que así fue. Pero cuando suceden todas las cosas del día a día y comienzan a volverse difíciles, es propio de nuestra naturaleza humana olvidar ese tipo de advertencias. De hecho, esa es exactamente una magnífica razón por la cual es tan útil tener un entrenador o mentor que nos recuerde este tipo de cosas.

Así que, cuando Nicole manifestó en nuestra conferencia grupal que se sentía desanimada y frustrada, le recordé con toda la gentileza del caso que ese era exactamente el escenario en el que ella necesitaba estar en este momento de su vida. Luego, le hice una pregunta importante:

"¿Con qué frecuencia miras hacia atrás para ver cuán lejos has llegado en lugar de mirar solo hacia adelante para ver hasta dónde tienes que llegar?".

Nicole pensó un momento antes de responder. "Realmente, no estoy mirando hacia atrás en absoluto", admitió. "Sigo viendo todos los lugares a los que quiero ir".

Casi podías ver la bombilla encenderse. Ese fue, como ella dice, un momento que la cambió. Nicole sintió que su perspectiva había cambiado. A partir de entonces, comenzó a mantener un "registro de éxito", una simple hoja de cálculo diseñada para registrar todas sus victorias. Y todos los días, escribe allí, como mínimo, un triunfo o éxito, por pequeño que sea. Ese simple acto, repetido todos los días, ha cambiado todo en la perspectiva de Nicole. En lugar de sentirse frustrada por su falta de progreso, ella se recuerda constantemente lo lejos que ha llegado.

Cuando se trata de construir una vida que amemos, esas grandes metas que identificamos y nos comprometemos son *clave*. Son los catalizadores que encienden el fuego en nuestro vientre y hacen que nuestro pecho se asfixie y nos motive a hacer más y a ser más de lo que pensamos que somos capaces. Nos dan algo por lo que luchar y razones de peso para saltar de la cama cada mañana.

Pero tan importantes como son, esos grandes objetivos también representan un peligro.

¿Alguna vez has notado cuando conduces en un día caluroso y soleado que hay partes en las que parece que hay un punto húmedo y brillante en el camino que tienes frente a ti? Se conoce como espejismo en carreteras y, de acuerdo con Wikipedia, ocurre porque "la convección hace que la temperatura del aire varíe y la variación entre el aire caliente en la superficie de la carretera y el aire frío más denso encima crea un gradiente en el índice de refracción del aire"[17].

Lo más irritante de este espejismo es que nunca puedes llegar a él. No importa cuánto tiempo o cuán lejos conduzcas, siempre está en algún lugar adelante, allá, en la distancia.

Desafortunadamente, nuestros grandes objetivos a veces pueden comenzar a sentirse igual que ese espejismo en la carretera, siempre fuera de nuestro alcance. En lugar de motivarnos, se convierten en una fuente de frustración y desánimo, porque parecen estar muy lejos. Y cuando esa parte difícil de lograr nuestras metas nos golpea y las cosas comienzan a ponerse complicadas, dolorosas e intensas, es natural sentirnos desanimados o convencidos de que nunca llegaremos al final del recorrido.

Es muy fácil caer en "el espacio intermedio", en ese lugar intermedio entre donde estás y donde quieres estar. Es ese lugar donde tienes todos estos grandes objetivos y siempre hay más por hacer para llegar allí, pero pareciera que nunca los logras.

Si pasamos todo nuestro tiempo en este espacio intermedio, nunca sentiremos que estamos llegando a ninguna parte, ni que estamos logrando algo aunque en realidad lo estemos haciendo. Es por eso que es tan importante tomarse el tiempo cada día para mirar hacia atrás en lugar de solo mirar hacia adelante, para celebrar tus victorias y logros en lugar de centrarte continuamente en todas las cosas que aún no has hecho.

Tener objetivos claros es maravilloso y ser una persona orientada a los objetivos es una gran fortaleza, pero no enfocarte en lo que ya has logrado y en lo que sigues logrando —incluso si aún no estás allí— podría derribarte fácilmente.

Al final, necesitas sentir la alegría del viaje y no solo la preocupación de llegar a tu destino. Y la única forma de hacerlo es mantenerte fuera del espacio intermedio. Sí, atrévete a mirar hacia adelante y a ver qué es posible. Pero también recuerde mirar hacia atrás y hacer un balance de lo lejos que has llegado.

CAMBIA EL GUION

No hace mucho, estaba charlando con mi amigo Kyle sobre el arte de escribir y él comentó: "Me gustaría centrarme en mi blog, pero tengo algunas inseguridades importantes cuando se trata de escribir. Mi maestra de quinto grado me dijo que yo no era un buen escritor y cada vez que me siento a escribir, es su voz la que escucho en mi cabeza. Creo que eso es lo que siempre me ha frenado de escribir".

De inmediato, lo entendí. ¿Tú también lo entiendes?

Aquella era una creencia limitante —una creencia que le impedía alcanzar su máximo potencial.

Por supuesto, mi amigo Kyle no es el único con creencias limitantes sobre lo que él es capaz de hacer. Él no es el único con esa pequeña voz en su cabeza que le dice que no puede hacer algo.

Todos tenemos esa voz.

Quizás, está diciéndonos que no merecemos pedir ese aumento, que no somos tan talentosos, ingeniosos, ni convincentes como nuestros compañeros de trabajo. Puede estar susurrándonos cosas como: "No eres una buena madre", "Eres un ama de casa terrible", "Nunca te organizarás", "Eres muy malo para las matemáticas". Podría decirnos que nunca quedaremos libres de deudas o que no somos lo suficientemente inteligentes como para tener éxito; que estamos demasiado ocupados para alcanzar nuestros grandes objetivos y sueños o que no tenemos tiempo para leer, aprender, ni hacer algo que valga la pena por nosotros mismos.

También podría estar convenciéndonos de que no intentemos cosas nuevas o de que no corramos riesgos, porque lo más seguro será que fallaremos. O la advertencia puede ser que no nos comuniquemos con nadie, ni pidamos ayuda, porque podríamos ser rechazados. Podría estar diciéndonos que no pongamos el 100% de nuestra energía y esfuerzo en perseguir nuestros sueños, porque no estamos seguros de lo que dirán quienes nos rodean. "¿Qué pasará si no te entienden", susurra, "o qué pasará si se burlan de ti?".

Lo que sea que te esté diciendo tu voz interior, y sean cuales sean tus creencias limitantes, te garantizo que sí están ahí. Y aunque no siempre podemos evitar que surjan esas creencias limitantes o que esa voz interior susurre en nuestro oído, ¡sí podemos negarnos a prestarles atención! La razón por la cual nuestras creencias limitantes tienen tanto poder sobre nosotros es porque no nos damos cuenta de que lo que estamos escuchando dentro de nuestra cabeza no se basa necesariamente en la verdad, sino en el miedo.

Simplemente, asumimos que el mensaje que estamos escuchando —la voz, el pensamiento, la creencia limitante— es nuestra realidad, cuando la verdad es que no es más que eso: una simple voz o un pensamiento o una creencia limitante. El hecho de que la voz en nuestra cabeza nos diga que algo es cierto no significa que realmente lo sea. De hecho, muy a menudo, casi siempre, mejor dicho, *nunca* es cierto.

Es solo un pensamiento.

Pero cuando reconocemos el miedo que está detrás de la creencia limitante o de la voz en nuestra cabeza, una vez que hemos reconocido una creencia limitante como lo que es —solo un pensamiento que nos está frenando—, podemos quitarle el poder que tiene sobre nosotros y avanzar hacia nuestra meta. Es entonces cuando podemos decir: "Esa voz en mi cabeza me dice que no soy lo suficientemente inteligente como para tener éxito, pero de lo que tengo miedo es de cometer un error. Pero incluso las personas más inteligentes cometen errores, y así es como aprenden". Eso se llama cambiar el guion. Ya sabes, el mensaje de diálogo interno que se te queda pegado en nuestra mente y se repite una y otra vez allí. El que sigue diciéndote que no eres lo suficientemente bueno o lo suficientemente inteligente o atractivo o que nunca tendrás éxito o nunca te organizarás o no podrás escribir y ni siquiera deberías molestarte en intentarlo.

Ese es el guion que sigue diciéndote que no puedes.

Entonces, si deseas dejar de escucharlo, debes encontrar alguna forma de remplazarlo con un mensaje nuevo y mejor.

Piénsalo. Si el diálogo interno que se está desarrollando actualmente en tu cabeza está programando tu cerebro para creer cosas sobre ti que no son ciertas, la mejor manera de reprogramar tu cerebro es comenzando a remplazar todos esos mensajes negativos de conversación interna con unos nuevos y mejores. Unos que *sí* sean verdad.

Tenemos que comenzar a cambiar el mensaje que se está reproduciendo en nuestra mente por uno que no sea autodestructivo. Para mi amigo Kyle, significará remplazar la cinta dentro de su cabeza que le dice que él no es capaz de escribir. Algo muy positivo sucedería si todos los días, tal vez incluso varias veces al día, Kyle comenzara a decirse a sí mismo algo como: "Mientras más escriba, mejor escritor seré. Se necesita tiempo y práctica para perfeccionar un oficio y puedo seguir practicando la escritura indefinidamente. El hecho de que hace mucho tiempo a una persona no le gustara mi escritura no significa que no tengo algo valioso que decir. Ha habido muchas otras personas a las que les ha gustado mi escritura, así que seguiré escribiendo y mejorando para poder impactar con mis palabras".

Tomará tiempo, pero su cerebro y su subconsciente comenzarán a aceptar este nuevo mensaje como su nueva verdad y aquella limitación, esa creencia que le dice que no es un buen escritor, comenzará a desvanecerse.

Pero observa lo que el nuevo mensaje *no dice*. No dice: "Soy el mejor escritor que el mundo haya visto. Soy una estrella de la escritura. Nadie puede escribir tan bien como yo". Ese mensaje no resonaría en su mente, porque Kyle no creería que eso es cierto.

En cambio, el nuevo mensaje debe ser algo que sea creíble y que se esté reproduciendo una y otra vez y de manera diferente, más positiva, pero muy específica. Necesitamos que sea un mensaje lleno de honestidad, que nos ayude a restablecer nuestra verdad y que podamos creerlo e internalizarlo como nuestro nuevo y positivo mensaje.

Cambia el guion y cambiarás tu perspectiva, te lo garantizo.

SIGUE ALIMENTÁNDOTE

Como seres humanos que somos, todos tenemos una necesidad insaciable de recibir ánimo. No parece importar la frecuencia con la que escuchemos que somos inteligentes o capaces o hermosos o valientes o cualquier otra cantidad de mensajes positivos, aun así, necesitamos escucharlos una y otra vez, pues tan pronto como los hemos escuchado, los olvidamos nuevamente. La vida se va volviendo loca, dura y cada vez más estresante; las dudas y todos esos miedos nos arrastran. Y de repente, nuestra confianza comienza a desvanecerse una vez más.

Por eso es tan importante *seguir alimentándote*. No hay límite para la cantidad de libros motivacionales y de autoayuda que deberías leer, ni para la cantidad de veces que deberías leer tus versículos o devocionales favoritos de la Biblia, ni para la cantidad de podcasts inspiradores que deberías escuchar, ni para la cantidad de eventos o reuniones a los que deberías asistir, porque la energía y la emoción, la motivación y la inspiración que se sienten tan increíbles en el momento, también se desvanecen con el tiempo. Pero aun así, mientras más mensajes positivos y alentadores recibas, más probable será que retengas algunos de ellos.

Necesitas seguir alimentándote.

Acostúmbrate a escuchar podcasts mientras conduces, haces ejercicio o lavas los platos. Proponte leer, por lo menos, un libro inspirador al mes; si no, lee tus libros favoritos una y otra vez. Vive atento a eventos y reuniones en tu área que sabes que te entusiasman y te permiten conocer personas de ideas afines. Programa tiempo con amigos y mentores que sabes que te desafiarán y te animarán. Trabaja activamente para mantenerte motivado y haz que el estímulo y la inspiración sean tu prioridad para lograr que el progreso que realices no se desvanezca.

PRACTICA EL CUIDADO PERSONAL

Hace un par de años, hice algo que nunca había hecho antes —algo que no creo que hubiera pensado hacer si mi esposo no me lo hubiera sugerido, ni me hubiera animado a hacerlo.

Fui a un retiro personal.

Durante cuatro días enteros, no hice nada más que leer libros, diarios, dar largos paseos y caminatas, hacer yoga, tomar baños relajantes y acostarme junto a la piscina. Me desconecté por completo del trabajo y, literalmente, me aparté del mundo. Y dormí mucho. Bastante.

Regresé con mi familia —y mi trabajo— completamente recargada, revitalizada y motivada. No creo que me estuviera dando cuenta de lo cerca que estaba del agotamiento total hasta que me fui, pero esos cuatro días fueron asombrosos. Fueron un recordatorio poderoso para alguien tan ocupado como yo de que, a veces, descansar es lo más productivo que podemos hacer.

De hecho, en los años que han transcurrido desde entonces, me he vuelto más consciente con respecto a la enorme importancia de programar tiempo de inactividad intencional y de los retiros personales, al menos, cada dos meses. Siendo una introvertida que pasa mucho tiempo haciendo actividades extrovertidas, el tiempo a solas es la única forma segura de recargar mis baterías.

Y sin embargo, hace unos meses, cuando publiqué una foto en las redes sociales de uno de estos retiros, me sorprendió la cantidad de mujeres que respondieron con comentarios como: "Suena encantador, pero yo nunca podría hacer eso" o "Desearía tanto poder ir a un retiro, pero es imposible para mí".

Déjame decirte que no es imposible. Tu "retiro" no tiene que ser unas vacaciones demasiado elaboradas en un resort de cinco estrellas. Algunos de mis mejores retiros han sido en casa, cuando mi esposo ha llevado a nuestras hijas a acampar durante el fin de semana. ¡Tu retiro tampoco tiene que ser estando solo! Para mí, el tiempo a solas es reconfortante, pero para una extrovertida que se siente aislada, un fin de semana con amigos es lo que llena mi alma.

El punto no es lo que hagas para cuidar de ti mismo, sino que *saques* tiempo para ti sin sentirte culpable.

Porque la verdad es que tomarte el tiempo para cuidarte beneficia a *todos* los que te rodean. Obviamente, existe el beneficio inmediato —te diviertes y haces lo que quieres en el momento. Te sientes feliz. Te relajas y sonríes—. Pero a largo plazo, el estrés producido por descuidar tus propias necesidades tiene efectos muy negativos en tu cuerpo, tu mente y tu alma.

Cuando nos sentimos demasiado estresados, no podemos darle el 100% de nosotros a nadie, ni a nada. Por esa razón, permitirnos sacar un poco de "tiempo" de vez en cuando es como una válvula de descarga para toda la presión que acumulamos y resulta en más energía y menos agotamiento, ayuda a estimular nuestro sistema inmunológico y nos hace sentir más tranquilos, amables y más en control de nuestras emociones.

Además, tomarnos el tiempo para cuidar de nuestro propio bienestar restaura nuestra capacidad de cuidar a las otras personas en nuestra vida —cónyuge, hijos, amigos y familiares—. Las personas más cercanas a nosotros tienden a soportar la mayor parte de nuestro estrés, lo que significa que también ellas se beneficiarán más de nuestro cuidado personal.

Si bien puede parecerte egoísta o indulgente en el momento, especialmente, si nunca lo has hecho antes, no lo es. ¿Recuerdas el principio de la máscara de oxígeno en un avión? Cuando ajustas tu propia máscara antes de ayudar a otros, tu acto de autocuidado es en realidad una de las cosas menos egoístas que puedes hacer.

CELEBRAR CADA VICTORIA

La valentía es una decisión diaria que requiere de la voluntad de actuar, incluso frente al miedo y seguir dando pasos hacia tus objetivos, aun cuando no siempre estás seguro de hacia dónde te dirige el camino.

Pero a veces, a medida que avanzas hacia tus objetivos, es fácil olvidar lo lejos que has llegado, por eso es tan importante que te asegures de no mirar solo hacia adelante, sino también hacia atrás. Así que celebra tus éxitos. Mantén un diario de gratitud o un registro de éxitos y tómate el tiempo para celebrar tus victorias a lo largo del camino. Crea nuevos guiones de diálogo interno que te motiven con verdad y honestidad. Cuídate. Y mantente animado.

Al final, recuerda que este libro no pretende ser una lectura pasiva, sino una que te impulse a actuar en tu propia vida.

Tú eres más fuerte de lo que crees que eres. Tú puedes hacerlo, así que ¡hazlo... así sea con miedo! Y cada vez que avances sin importar nada, estarás un paso más cerca de construir la vida que amas.

Un vistazo
de la valentía en acción

1. Lucha por tus objetivos

Si no le apuntas a nada, nunca le darás a nada. Establece tu gran objetivo, enfócate y mantente comprometido y en la dirección correcta.

2. Encuentra tu *porqué*

Tu *porqué* debe ser más grande que tu miedo, así que asegúrate de saber exactamente por qué este objetivo en particular es importante para ti y crea un catalizador que te ayude a mantenerte motivado.

3. Diseña tu plan de acción

Divide tus grandes objetivos en partes manejables y luego toma la decisión diaria de seguir adelante y, de hecho, un paso más cerca de tu objetivo.

4. Forma tu propio club de la verdad

Busca la manera de rendir cuentas sobre tu vida y rodéate activamente de personas que te digan la verdad, te ayuden a superar tus miedos y, en última instancia, hagan de ti una mejor persona.

5. Deja de comparar

Acepte toda la responsabilidad por las elecciones que hagas y por los objetivos que deseas alcanzar. Luego, enfócate y construye la vida que amas, no la vida que alguien más quiera para ti.

6. Elimina las excusas

Niégate a sacar excusas por cualquier cosa en tu vida, porque incluso una buena excusa sigue siendo una excusa. Deja de buscar salidas falsas, sé real y decide seguir adelante.

7. Mantente animado

Establece estrategias para mantenerte motivado. Tómate el tiempo para celebrar tus victorias a lo largo del camino y recuerda practicar el cuidado personal.

Expresiones de gratitud

Este libro no hubiera sido posible sin la ayuda y orientación de las siguientes personas. Gracias por su impacto en mi vida, en mi trabajo y en este libro.

Chuck, mi roca, mi amor y mi mejor amigo. Gracias por apoyarme y motivarme, pase lo que pase. Gracias por animarme cuando tengo ganas de dejarlo todo, por desafiarme cuando necesito ánimo, por hacerme reír y recordarme siempre que me guie por mi propio instinto y que haga lo que tenga que hacer así sea con miedo.

Maggie y Annie, mis dulces chicas. Las quiero mucho y estoy muy orgullosa de ustedes dos. Gracias por siempre darme algo sobre qué escribir. Ustedes dos me mantienen humilde y me recuerdan qué es lo que más importante para mí en la vida.

Mi familia RSO: Laura, Heather, Jayson, Natalie, Jessica, Kelly, Kristene, Emma, Melissa, Amanda, Maggie, LaTrisha, Ashley y Danny. Gracias por hacer que sea un placer venir a trabajar todos los días. Gracias por participar, por apoyar mis ideas locas, por decirme que no cuando sea necesario y obligarme a sentarme y ESCRIBIR (¡incluso cuando no quería!). Me encantan nuestros conflictos constructivos, nuestros L10 y nuestras reuniones diarias, y me encanta la forma en que siempre me impulsan a ser mejor. En serio, ¡qué suerte tengo de poder trabajar a diario con todas y cada uno de ustedes!

Amigas a los que adoro, tanto antiguas como recientes, que me brindan la muy necesaria posibilidad de rendirles cuentas, junto con su ánimo y amor duro: Alysha, Edie, Bonnie, Heather, Laura, Natalie, Kate, Susie, Gry, Laura, Janna, Shelly, Bill y Wendy, Lisa, Melissa, Rachel, ¡estoy muy agradecida por todos y cada uno de ustedes!

Gracias a Grant y a todo su equipo en Launch Thought Productions, por ayudarnos a analizar toda la investigación y luego a conceptualizar y construir la evaluación del miedo. ¡Esta increíble herramienta no existiría sin su equipo!

Lori, te agradezco tanto por tu paciencia como por tu insistencia. ¡Estoy muy agradecida de haber podido trabajar nuevamente con ustedes en otro libro!

Charles y Meg, gracias por mantener siempre nuestros libros en orden. Bond, te agradezco por ayudarnos siempre a alcanzar nuestros objetivos. Y Full Cycle Marketing, gracias por ser una parte tan importante de este viaje de *¡Hazlo... así sea con miedo!*

Gracias a todas las personas que ayudaron a darle vida a este libro y a darlo a conocer al mundo: a todo el equipo de Zondervan, especialmente, a Carolyn, Alicia y Dirk; Andrew Wolgemuth, mi agente literario; y a Ashley Bernardi, ¡la mejor publicista de todos los tiempos!

Y por último, pero no menos importante, gracias a todos los lectores de blogs, oyentes de podcasts, clientes planificadores y estudiantes de EBA que hacen de nuestra increíble comunidad lo que es. ¡Su pasión, coraje y afabilidad me inspiran todos los días! Me encanta sentirme asustada y hacer las cosas a pesar de ello y luego alentar a otros a hacer lo mismo. ¡Juntos podemos cambiar el mundo!

Notas

1. Ver Stanley Milgram, *Obedience to Authority: An Experimental View* (New York: Harper & Row, 1974).

2. Charles Duhigg, *Smarter, Faster, Better: The Transformative Power of Real Productivity* (New York: Random House, 2017), 31.

3. Jocko Willink y Leif Babin, *Extreme Ownership: How U.S. Seals Lead and Win* (New York: St. Martin's, 2015), 30–31.

4. Ver Helen Weathers, "Griffiths Lottery Win", *Daily Mail*, marzo 22, 2013, www.dailymail.co.uk/news/article-2297798/ Griffiths-lottery-win-How-winning-1-8m-wreck-life.html.

5. Ver Teresa Dixon Murray, "Why Do 70 Percent of Lottery Winners End Up Bankrupt?", *Plain Dealer*, enero 14, 2016, www.cleveland.com/business/index.ssf/2016/01/why_do _70_percent_of_lottery_w.html.

6. Ver Jimmy Evans and Allan Kelsey, *Strengths Based Marriage: Build a Stronger Relationship by Understanding Each Other's Gifts* (Nashville: Nelson, 2016).

7. Patrick Lencioni, *The Five Dysfunctions of a Team: A Leadership Fable* (San Francisco: Jossey-Bass, 2002).

8. Ver Brigid Schulte, "Making Time for Kids? Study Says Quality Trumps Quantity", *Washington Post*, marzo 28, 2015, www.washingtonpost.com/local/making-time-for-kids-study-says-quality-trumps-quantity/2015/03/28/10813192-d378-11e4-8fce-3941fc548f1c_story.html.

9. Angela Duckworth, Grit: *The Power of Passion and Perseverance* (New York: Simon & Schuster, 2016).

10. Carol Dweck, *Mindset: The New Psychology of Success* (New York: Ballantine, 2006), 6.

11. Brian Tracy, *Eat That Frog: 21 Great Ways to Stop Procrastinating and Get More Done in Less Time* (San Francisco: Berrett-Koehler, 2001), 2.

12.   Cited in Leo Widrich, "How the People around You Affect Personal Success", Lifehacker, July 16, 2012, https://life hacker.com/5926309/how-the-people-around-you-affect-personal-success.

13. Susie Moore, *What If It Does Work Out? How a Side Hustle Can Change Your Life* (Mineola, NY: Ixia, 2016).

14. Edie Wadsworth, *All the Pretty Things: The Story of a Southern Girl Who Went through Fire to Find Her Way Home* (Carol Stream, IL: Tyndale, 2016).

15.   "Perseverance, Determination, and Living Your Best Life: An Interview with Edie Wadsworth", transcripción del episodio 10, *Do It Scared with Ruth Soukup* podcast, https://doitscared.com/episode10.

16. "Perseverance, Determination, and Living Your Best Life".

17.   "Mirage," Wikipedia, https://en.wikipedia.org/wiki/Mirage.